Originalausgabe

5 4 3

ISBN 978-3-88117-619-4

Gestaltung: Niels Bonnemeier

Redaktion: Monika Römer, Gabriele Heßmann

Printed in Italy

Dr. Barbara Rias-Bucher

Das kleine Kochbuch aus der

Pfalz

Hölker Verlag

Inhalt

Die Rezepte sind, wenn nicht anders angegeben, für 4 Personen berechnet.

Zur Einstimmung

Ein Pfälzer Kochbuch von einer Bayerin? Gewiss – der Blick von außen schärft das Auge fürs Typische. Da werden Ihnen die Gerichte beim Lesen und Genießen genauso „pfälzisch“ vorkommen wie mir beim Sammeln und Verkosten.
Außerdem sind die Pfalz und Bayern ja seit langem miteinander verbunden: 1777 starb die bayerische Linie der Wittelsbacher aus, die Pfälzer rückten nach, Kurfürst Karl-Theodor zog von Mannheim in die Münchner Residenz. Mit ihm kamen Köche und Köchinnen aus der Pfalz, und wenn Sie heute in einem bayerischen Kochbuch des 19. Jahrhunderts schmökern, finden Sie viele ursprünglich (vielleicht auch nur vermeintlich) pfälzische Gerichte: Krautbraten und Kartoffelgemüse, sanft gesäuert mit gutem Essig, oder Dampfnudeln und Zwetschgendatschi, wie sie in Bayern heißen – die Pfälzer nennen sie „Hawwedambnudle“ und „Quetschekuche“.

Zu meinem Erstaunen entdeckte ich bald, dass meine kulinarischen Verbindungen zur Pfalz weniger mit der Geschichte zu tun haben als vielmehr sehr persönlich sind. Ich erinnere mich nämlich an so manche Mahlzeit, die in unserer Familie regelmäßig auf den Tisch kam: Schneebällchen mit Speck und Krachelcher hießen bei uns „Knöderl mit Bröckerln“. „Stampes“, den Pfälzer

Kartoffeleintopf mit grünen Bohnen oder Wirsing, hatten wir auf den merkwürdigen Namen „Bratsch" getauft. Des Rätsels Lösung: Mein Vater stammte aus der östlichen Eifel, und seine Lieblingsgerichte hatte meine Mutter natürlich in ihr Kochrepertoire übernommen.

Dennoch: Ohne meine Pfälzer Experten wäre das Buch niemals so authentisch geworden. Meta Rathmacher hat mich mit Rat und Tat in Form von langen Gesprächen und Familienrezepten versorgt. Sie hat mir die Pfälzer Traditionsküche vermittelt und mir dabei geholfen, einige Gerichte behutsam zu modernisieren. Dr. Georg Lahm hat mir von der ehemaligen Kurpfalz und von nahezu vergessenen Spezialitäten berichtet. Als er dann bei Fluddeknepp und Herrentorte angelangt war, lief ihm so das Wasser im Mund zusammen, dass seine Aufzählung stockte. Was mich davon überzeugte, zum allseits beliebten Traditionsessen auch eine Reihe von alten und Nicht-Pfälzern meist unbekannten Rezepten in unser Büchlein aufzunehmen. Jutta Kogel als unsere Testköchin schließlich hat „pälzisch" gekocht, geschmort und gebraten, was – Pardon – der Saumagen hielt. Ihnen allen gilt mein herzlichster Dank.

Die Pfalz und ihre Küche

Die Pfalz ist eine der schönsten Regionen Deutschlands. Die Pfälzer wissen das natürlich und sind davon überzeugt, ihr Land sei einst das Paradies, zumindest aber das Schlaraffenland gewesen. Gleichsam zum Beweis hat man auf dem Boden der ehemaligen Kurpfalz den ältesten Unterkieferknochen Europas gefunden, der als Teil des „Homo Heidelbergensis" mehr als eine halbe Million Jahre dort verbuddelt lag. So richtig entdeckt wurde dieses altehrwürdige Land zwischen Rhein und Mosel, Saarland und Bonn allerdings erst ein paar hunderttausend Jahre später von den Römern, die hier im milden Pfälzer Klima kaum Heimweh leiden mussten, fanden sie doch vieles vor, was zu ihrem „normalen" Speisezettel zählte: sonnengereifte Feigen und zuckersüße Aprikosen, saftige Pfirsiche und dicke Pflaumen, aromatische Esskastanien und Mandeln. Und damit sie auch ihren gewohnten guten Tropfen genießen konnten, legten sie vor etwa 2000 Jahren die ersten Weinberge an den Hängen des Haardtgebirges an. Nun waren sie ja nicht nur wie wir heute zum Essen und Trinken in die Pfalz gekommen, sondern zum Kultivieren und Herrschen – also gründeten sie auch Trier, Bingen, Worms und Speyer.

Noch heute können Sie übrigens den Spuren von damals buchstäblich folgen: Die „Deutsche Weinstraße" verläuft auf historischem Grund von Schweigen an der französischen Grenze nach Bockenheim auf der Höhe von Worms. Viele Orte neben der Route lesen sich wie Etiketten von Weinflaschen: Edenkoben und Maikammer, Gimmeldingen und Deidesheim,

Wachenheim und Kallstadt. Auf dem Peterskopf bei Bad Dürkheim genießen Sie einen grandiosen Blick über Wein- und Waldpfalz.

Vergessen Sie bei Ihrer Reise entlang den fröhlichen Weinbergen nicht den Abstecher nach Heidelberg – Inbegriff romantischer Schönheit und biedermeierlicher Idylle. Hier sind der Geist des Weines und der Wissenschaft geradezu vorbildlich vereint: Unweit der weltberühmten Universität, 1385 als zweite im Deutschen Reich gegründet, liegt das Schloss mit dem weltgrößten Weinfass aus Eichenholz. Kurfürst Karl-Theodor (1724–1799) ließ es im Jahre 1751 aus 130 Eichenstämmen erbauen – für die erstaunliche Menge von 221.726 Litern Wein. Eine weitere Leistung dieses Kurfürsten finden Sie in der Spargelstadt Schwetzingen: das Schloss mit dem kunstvollsten aller Rokokogärten Deutschlands. „Man muß die Pracht selbst gesehen haben, wenn man sich einen Begriff davon machen will", schrieb Friedrich Hölderlin 1788 an seine Mutter. Und Joseph von Eichendorff erzählt uns ganz nebenbei ein Erlebnis, mit dem sich so mancher Tourist heute richtig brüsten würde: Nachdem der Dichter mit seinem Bruder im Park Siesta gehalten hatte, begaben sich die beiden „gen 3 Uhr in den Gasthof, verzehrten dort ein kaltes aber reichliches Mahl mit Wein, machten noch einige Exkursionen in den Garten, wo wir die Großherzogin aus dem Schlosse zur Gitarre singen hörten ..."

Wenn Sie lieber das Mittelalter erkunden wollen, fahren Sie in den Pfälzer Wald mit seinen rund 500 Burgruinen. Hier finden Sie zum Beispiel das seinerzeit wohl berühmteste Staatsgefängnis des Abendlands: die Ruine Trifels bei Annweiler. Dort „saß" unter anderen Großen auch König Richard Löwenherz von England (1157–1199). Der österreichische Herzog Leopold hatte den Engländer 1192 auf der Rückreise vom 3. Kreuzzug gefangen genommen und gegen bare Münze an Kaiser Friedrich Barbarossas Sohn Heinrich VI. ausgeliefert. Der setzte seinen königlichen Kollegen dann fest und ließ ihn erst gegen ein erkleckliches Sümmchen frei. In der „Barbarossaburg" Trifels lagerten über Jahre immense Reichtümer – Normannenschatz und Lösegelder, die Heinrich während seiner Herrschaft über Sizilien angesammelt hatte.

Nach so viel Schauen und Staunen wird der Mensch hungrig. Vor allem in einem kulinarisch so gesegneten Land. Die Pfalz ist ja ein riesengroßer, üppiger Garten: Von hier gelangen Rosenkohl, Spargel, Blumenkohl,

Zuckerschoten und Spitzkohl, Kräuter und Salat, Kartoffeln und Obst in die Gemüseläden Deutschlands. Und diese Vielfalt an frischem Grün und buntem Obst wirkt auf jeden so typisch, der sich mit der Pfälzer Küche beschäftigt. Bodenständige Wurstspezialitäten gibt es überall im Rheinland, köstliche Vesper-Happen zum Schoppen in jeder Weinregion. Doch die vielen fantasievollen Kartoffelgerichte zur einfachen Bratwurst, die Variationen von Gemüse und Salat, die man dem hungrigen Gast zum Hauptgericht serviert – das ist die Pfalz! Kein Wunder, dass sie uns so fröhlich stimmt: Hinter der deftigen Fassade von Schwartenmagen, Kesselfleisch und Speck eröffnet sich Ihnen eine Esskultur, die an Frankreich und Italien erinnert, die regionale Küchen und hohe klassische Kochkunst vereint, die Bürgerliches mit Bäuerlichem hervorragend mischt. Beim unkomplizierten Weinfest auf dem Dorfplatz essen und trinken Sie so ausgezeichnet wie beim Nobel-Diner im Restaurant.

Die vorzüglichsten Pfälzer Gerichte sind in diesem Büchlein versammelt: Berühmtheiten wie Saumagen und Handkäse selbstverständlich. Insider-Leckerbissen wie Griebenwurst mit Äpfeln und Verheiratete. Verblüffendes wie Kartoffelsuppe und Zwetschgenkuchen. Auch wenn Sie ganz woanders wohnen – feiern Sie die Jahreszeiten, wie es die Pfälzer tun: Zum ersten Frühlingslüftchen genießen Sie eine Kräutersuppe mit dem Traditionskorn Grünkern, wenn die ersten Gemüsesorten auf den Marktständen prangen, kochen Sie eine wunderbar grüne Franzosensuppe. Beim Sommerfest mit Freunden legen Sie den Schwenkbraten auf den Holzkohlengrill. Die goldene Oktobersonne scheint durchs Weinglas auf den ofenfrischen Lauchkuchen. Nach dem Spaziergang durch den dick verschneiten Winterwald wärmen Sie sich bei einer großen Schüssel Biergulasch wieder auf. Und im Advent backen Sie zur gemütlichen Teestunde bei Kerzenschein einfach ein Blech knusprige Schneckennudeln und horten Ihre Weihnachtskekse für den Bunten Teller. Im klammen Januar gibt's dann Schneebällchen mit Krachelcher, zu Fastnacht machen Sie „Kreppel" für die Kinder. Ja, und bald beginnt Ihr kulinarisches Jahr dann von Neuem mit Schwetzinger Spargel in Kräutersauce...

In diesem Sinne:
Gude Abbeditt, wie der Pfälzer sagt.

Suppen

Spargelsuppe

Schwetzingen, im Dreieck Mannheim – Heidelberg – Speyer gelegen, gehört zu den ältesten und berühmtesten Spargelgebieten der Bundesrepublik. Von dort holen die Pfälzer ihren Spargel – am liebsten gleich morgens taufrisch vom Spargelbauern.

500 g Spargel, 1 Hand voll Kerbel, 1 l Gemüsebrühe
oder Spargelsud, 100 ml Sahne, 1 Eigelb,
Salz, frisch gemahlener Pfeffer
Für die Croûtons: 2 Scheiben Kastenweißbrot,
1 EL Butterschmalz

Spargel dünn schälen und holzige Enden abschneiden. Stangen in etwa fingerbreite Stücke schneiden. Köpfe beiseite legen. Kerbel abbrausen, trockentupfen und fein hacken. Brühe aufkochen, die Spargelstücke zugeben, erneut zum Kochen bringen und zugedeckt bei geringer Hitze 10 Minuten garen.
Inzwischen für die Croûtons das Brot würfeln und im heißen Butterschmalz bei geringer bis mittlerer Hitze etwa 5 Minuten braten. Dabei immer wieder wenden. Die Spargelköpfe zur Suppe geben und noch knapp 5 Minuten garen. Sahne mit dem Eigelb verquirlen, einige Löffel heiße Suppe untermischen. Dann die Mischung in die Spargelsuppe rühren. Noch einmal erhitzen, aber nicht mehr aufkochen. Mit Salz und Pfeffer abschmecken und in gut vorgewärmte Portionsteller geben. Die Croûtons auf der Suppe anrichten und alles mit dem Kerbel bestreuen.

Kartoffelsuppe

Von der „Grumbeersupp" gibt es natürlich viele Varianten – mal püriert und sahnig gebunden wie in unserem Rezept, mal mit Stückchen von Kartoffeln und Gemüse, mal üppig mit ausgebratenen Speckwürfeln bestreut. Da können Sie ganz nach Ihrem Geschmack wählen. Wichtig ist die gute Würze: Nehmen Sie möglichst selbst gekochte Brühe und frischen Majoran, schmecken Sie mit Kümmelkörnern aus dem Mörser und grobem Pfeffer aus der Mühle ab.

1 große Zwiebel, 1/2 Bund frischer Majoran,
1/4 Bund glatte Petersilie,
700 g mehlig kochende Kartoffeln,
200 g Möhren, 1 Petersilienwurzel,
100 g Knollensellerie, 1 TL Kümmelkörner,
2 EL Öl, 1 1/2 l Fleischbrühe,
1 EL Zitronensaft, 2 EL Schmand,
Salz, frisch gemahlener Pfeffer

Die Zwiebel schälen und fein würfeln. Den Majoran und die Petersilie abbrausen, trockentupfen und die Blättchen abzupfen. Majoran-, Petersilienblättchen und die Stiele der Petersilie getrennt sehr fein schneiden. Kartoffeln, Möhren, Petersilienwurzel und Sellerie schälen und in kleine Würfel schneiden. Den Kümmel in einem Mörser zerreiben.
Das Öl in einem großen Topf erhitzen, die Zwiebel, die zerkleinerten Majoranblättchen und die Petersilienstiele darin bei geringer Hitze unter Rühren anschwitzen.

Kartoffeln, zerkleinertes Gemüse und Kümmel zugeben und einige Male umrühren. Die Brühe zugießen und aufkochen. Die Suppe zugedeckt bei mittlerer bis geringer Hitze etwa 20 Minuten garen, danach sollten Kartoffeln und Gemüse sehr weich sein. Im Topf mit dem Mixstab fein pürieren, Zitronensaft und Schmand untermischen. Die Suppe noch einmal erhitzen, mit Salz und Pfeffer abschmecken und mit den Petersilienblättchen bestreut servieren.

Pfälzer Originalbeilagen zur Kartoffelsuppe sind weder Brot noch Brötchen, sondern eine dicke, heiße Dampfnudel (Rezept S. 72) frisch aus dem Topf oder ein schönes Stück gerade eben abgekühlter Zwetschgenkuchen (Rezept S. 66).

Franzosensuppe

Viel junges Gemüse mit ein paar Kartöffelchen, knapp gegart in guter, möglichst selbst gemachter Brühe – das ist kulinarisch vornehm an dieser frühsommerlichen „Franzose-Supp". Der pfälzisch-kräftige Clou: sanft in Knoblauchbutter geröstete Semmelbrösel. Diese „Schmälze" finden die Pfälzer viel wichtiger als Fleischwürfel. Die können, müssen aber nicht zusätzlich als Einlage in die Suppe.

1 Zwiebel,
200 g fest kochende Kartoffeln,
150 g Knollensellerie mit viel Grün,
150 g junge Möhren, 1 kleiner Kohlrabi,
200 g Spitzkohl oder Frühwirsing,
100 g Zuckerschoten, 1 EL Olivenöl,
1 1/2 l Fleisch- oder Hühnerbrühe,
2 Knoblauchzehen, 2 EL Butter,
2 EL Semmelbrösel, Salz,
frisch gemahlener weißer Pfeffer,
frisch geriebene Muskatnuss

Die Zwiebel schälen und sehr klein würfeln. Kartoffeln, Knollensellerie, Möhren und Kohlrabi schälen und ebenfalls würfeln. Alle zarten Blättchen von Sellerie, Möhren und Kohlrabi abbrausen, trockentupfen, fein hacken und auf einem Teller beiseite stellen. Die Kohl- oder Wirsingblätter in Streifen schneiden, dabei nur die sehr dicken Blattrippen entfernen. Die Zuckerschoten putzen.

Das Öl in einem großen Topf erhitzen. Die Zwiebel darin bei mittlerer Hitze unter Rühren anschwitzen. Kartoffeln, Sellerie, Möhren, Kohlrabi und Kohl zugeben und unter ständigem Wenden etwa 3 Minuten mitdünsten. Brühe zugießen, einige kräftige Sellerieblätter mit Stielen unzerkleinert zufügen und einmal kräftig aufkochen lassen. Die Suppe zugedeckt bei geringer bis mittlerer Hitze etwa 10 Minuten garen. Die Zuckerschoten zufügen, die Suppe erneut aufkochen und noch etwa 5 Minuten garen, bis Kartoffeln und Gemüse gerade eben bissfest sind. Den Knoblauch schälen und fein hacken. Mit Butter und Semmelbröseln bei geringer Hitze unter Rühren anschwitzen. Die zerkleinerten Gemüseblättchen untermischen. Alles in die fertige Suppe einrühren und mit Salz, Pfeffer und Muskat abschmecken.

Grünkernsuppe

Schon im Jahre 1858 gab es in der Mannheimer Buchhandlung Tobias Löffler, damals noch Hoflieferant, ein „Pfälzer Kochbuch", geschrieben von der Bad Dürkheimer Wirtin Anna Bergner. Daraus stammt die Urfassung dieses modern abgewandelten Getreidesüppchens. Die „schöne Anna" war eine Berühmtheit, zu der „tout le monde" kam: Augusta, die spätere Kaiserin von Preußen, und der Bayernkönig Ludwig I., der Dichter Emanuel Geibel und der „Lederstrumpf"-Autor James F. Cooper, der sich sogar einige Monate im Bergnerschen Gasthof einquartierte.

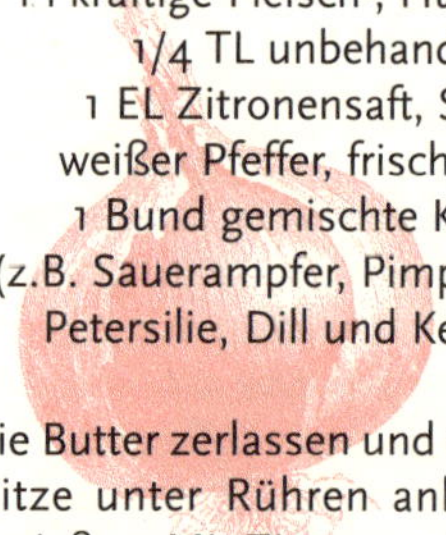

1 EL Butter, 60 g Grünkernschrot,
1 l kräftige Fleisch-, Hühner- oder Gemüsebrühe,
1/4 TL unbehandelte Zitronenschale,
1 EL Zitronensaft, Salz, frisch gemahlener
weißer Pfeffer, frisch geriebene Muskatnuss,
1 Bund gemischte Kräuter für Grüne Sauce
(z.B. Sauerampfer, Pimpinelle, Estragon, Borretsch,
Petersilie, Dill und Kerbel), 100 g saure Sahne

Die Butter zerlassen und den Schrot darin bei mittlerer Hitze unter Rühren anbraten. Die Brühe langsam zugießen. Mit Zitronenschale, Zitronensaft, Salz, Pfeffer und Muskat würzen, aufkochen und zugedeckt bei geringer Hitze 15 Minuten garen. Kräuter abbrausen und trockentupfen, die Blättchen abzupfen und fein hacken, dabei nur harte Stiele entfernen. Kräuter und saure Sahne in die Suppe einrühren.

Zwiebelsuppe

In der Pfalz kocht man Zwiebelsuppe sahnig, gratiniert sie jedoch gewöhnlich nicht. Aus der alten bäuerlichen Küche stammt eine delikate Variante: Dünne, geröstete Mischbrotscheiben in tiefe Teller legen, die kochend heiße Suppe darüber gießen und sofort servieren, damit das Brot nicht zu weich wird.

700 g Zwiebeln, 2 EL Öl,
1/4 l trockener Pfälzer Weißwein,
3/4 l Fleisch- oder Hühnerbrühe,
3 Stängel Petersilie, 200 g Schmand,
1 Msp. unbehandelte Zitronenschale,
1 EL Zitronensaft, Salz,
edelsüßes Paprikapulver

Die Zwiebeln schälen und in dünne Ringe hobeln. Öl in einer Pfanne erhitzen und die Zwiebelringe bei geringer Hitze unter häufigem Wenden leicht goldgelb anschwitzen. Den Wein zugießen und bei mittlerer bis hoher Temperatur auf die Hälfte einkochen lassen. Die Brühe zugießen, erneut aufkochen und die Zwiebeln zugedeckt bei geringer Hitze in etwa 20 Minuten sehr weich garen. Inzwischen die Petersilie abbrausen und trockentupfen, die Blättchen abzupfen und sehr fein hacken. Den Schmand einrühren und die Suppe noch einmal kräftig erhitzen. Mit Zitronenschale, Zitronensaft, Salz und Paprikapulver abschmecken. Die Petersilie darüber streuen.

Feines zum Wein

Gebratene Wurst mit Meerrettichsauce

500 g Fleischwurst, 1 große Zwiebel, 1 EL Olivenöl
Für die Sauce: 2 EL Mehl, 1/4 l Milch,
40 g Butter, ca. 1/8 l Gemüsebrühe, 1 Eigelb,
1/8 l Sahne, 2–3 EL Meerrettich (frisch gerieben
oder aus dem Glas), Salz, frisch gemahlener
weißer Pfeffer, Zitronensaft

Die Wurst häuten und grob würfeln. Die Zwiebel schälen und in feine Ringe schneiden. Beide Zutaten im heißen Öl bei geringer Hitze sanft braten, bis die Wurst heiß, die Zwiebel weich und beides leicht gebräunt ist, dabei hin und wieder wenden.
Für die Sauce das Mehl in der kalten Milch glatt rühren. Butter erhitzen, bis sie leicht schäumt. Zuerst Milch mit Mehl, dann die Brühe unter Rühren zugießen und aufkochen. Im halb bedeckten Topf bei geringer Hitze etwa 10 Minuten köcheln lassen, dabei hin und wieder umrühren. Das Eigelb mit der Sahne verrühren, 2 Esslöffel heiße Sauce untermischen und die Eisahne in die Sauce einrühren. Erhitzen, aber nicht mehr kochen lassen. Den Meerrettich untermischen, die Sauce mit Salz, Pfeffer und Zitronensaft würzen.

Die Sauce serviert man separat zur Wurst und reicht Bratkartoffeln oder Brot dazu. Oder: Zur fertig gebratenen Wurst 2–3 Löffel Sauce geben, gut umrühren und mit frisch gehackten Kräutern bestreuen. Den Rest der Sauce dazu reichen.

Pfälzer Wurstsalat

Er wird keineswegs mit Wurst gemacht und erinnert Spötter somit an bayerischen Leberkäse, der weder Leber noch Käse enthält. Der „Worschtsalat“ aus dem dicken Pfälzer Pressack schmeckt vorzüglich zu kräftigem Brot oder Bratkartoffeln.

400 g weißer und roter Pressack
gemischt, 2 Zwiebeln, Salz,
frisch gemahlener schwarzer Pfeffer,
1/2 TL Kümmelkörner, 3 EL milder Essig,
4 EL kalte Brühe oder Wasser, 4 EL Öl,
1 EL beliebige fein gehackte Kräuter
(z.B. Bohnenkraut, Majoran, Oregano,
Petersilie und/oder Basilikum)

Pressack von der Haut befreien und in feine Streifen schneiden. Zwiebeln schälen und in möglichst dünne Scheiben schneiden oder hobeln. Beide Zutaten in einer Schüssel mit Salz, Pfeffer, Kümmel, Essig, Brühe oder Wasser und dem Öl vermischen. Den Wurstsalat etwa 30 Minuten zugedeckt bei Zimmertemperatur ziehen lassen. Die Kräuter untermischen und den Salat noch einmal mit Essig, Salz und/oder Pfeffer abschmecken.

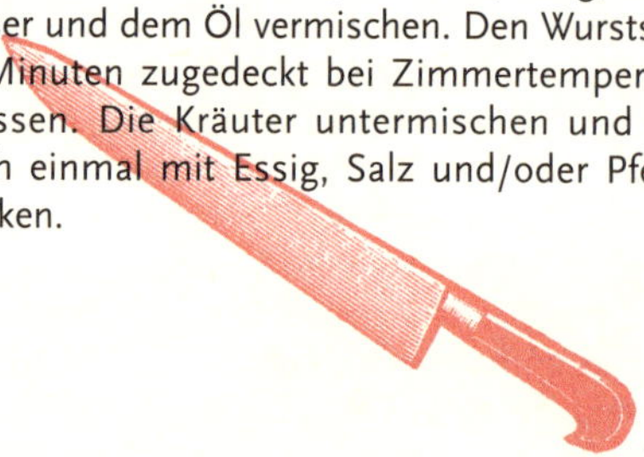

Griebenwurst mit Äpfeln und Zwiebeln

Wer die echte Pfälzer Griebenwurst bei seinem regionalen Metzger nicht bekommt, nimmt stattdessen Schwartenmagen, Katenrauchmettwurst oder einfache Fleischwurst. Dazu schmeckt kräftiges Pfälzer Bauernbrot oder echtes französisches Baguette.

300 g säuerliche Äpfel,
1 große Zwiebel, 1 Knoblauchzehe,
4 Stängel Salbei, 400 g Griebenwurst,
1 EL Olivenöl, 1 EL Butter,
1–2 EL Zitronensaft,
frisch gemahlener Pfeffer

Die Äpfel vierteln, schälen, vom Kerngehäuse befreien und in Schnitze teilen. Die Zwiebel schälen und in dünne Ringe hobeln, den Knoblauch schälen und fein hacken. Den Salbei abbrausen und trockentupfen, die Blättchen abzupfen und in feine Streifen schneiden. Die Wurst gegebenenfalls häuten und in etwa 2 Zentimeter dicke Scheiben schneiden. Öl und Butter in einer großen Pfanne erhitzen. Äpfel, Zwiebeln, Knoblauch mit dem Salbei darin bei geringer Hitze glasig und weich braten. Dann bei mittlerer Hitze leicht bräunen. Mit dem Zitronensaft beträufeln, kräftig mit Pfeffer würzen und in einer Schüssel warm halten. Wurstscheiben in dem verbliebenen Fett auf beiden Seiten braten, bis sie heiß und sanft gebräunt sind. Die Apfelmischung wieder zugeben, alles einige Male wenden und auf vorgewärmten Tellern anrichten.

Bratwurst mit Zwiebelsauce

Geräucherte rohe Bratwürste bestehen aus grob zerkleinerter, gepökelter Wurstmasse. Sie werden nicht gebraten, sondern kalt mit „Wasserwecken", also einfachen Brötchen, und Senf gegessen oder in siedendem Wasser erhitzt. Dann gibt es diese heiße Zwiebelsauce und Bratkartoffeln dazu.

4 geräucherte Bratwürste
Für die Zwiebelsauce: 3 Zwiebeln, 1 Knoblauchzehe, 50 g Butter oder Schmalz, 1 TL getrockneter Majoran, 40 g Mehl, 300 ml Gemüsebrühe, 200 ml Sahne, 1 TL Zitronensaft, etwas abgeriebene Schale von 1 unbehandelten Zitrone, Salz, Cayennepfeffer, 1 EL frisch gehackte Petersilie

Für die Zwiebelsauce Zwiebeln und Knoblauch schälen und sehr fein würfeln. Butter oder Schmalz in einer Pfanne erhitzen, Zwiebeln und Knoblauch mit Majoran bei geringer Hitze in etwa 10 Minuten goldgelb und weich braten. Mehl darüber streuen und unter Rühren goldgelb anbraten. Kalte Brühe unter Rühren langsam zugießen, aufkochen und weiterrühren, bis die Sauce glatt ist. Zugedeckt bei geringer Hitze etwa 10 Minuten kochen lassen. Sahne zugeben und die Sauce noch einmal erhitzen, aber nicht mehr kochen lassen. Mit Zitronensaft, Zitronenschale, Salz und Cayennepfeffer abschmecken. Petersilie untermischen. Die Würste in siedendem (nicht kochendem) Wasser erhitzen und mit der Sauce servieren.

Pfälzer Schinkenbrot

Das Schinkenbrot ist nicht einfach ein Butterbrot mit ein paar Scheiben Schinken drauf – nein: Es ist ein komplettes Essen mit viel grünem Salat, mit jeder Menge Kräutern und vielleicht ein paar sonnenwarmen Tomaten. Und dazu schmeckt natürlich der gute Pfälzer Wein.

50 g weiche Butter, 2 Eier,
2 rohe Pfälzer Bratwürste, 1 kleine Zwiebel,
200 g gekochter Schinken, 4 kleine Gewürzgurken,
frisch gemahlener Pfeffer, scharfes Paprikapulver,
400 g Weiß- oder Mischbrot in Scheiben,
200 g Trapistenkäse (oder Emmentaler)
in Scheiben

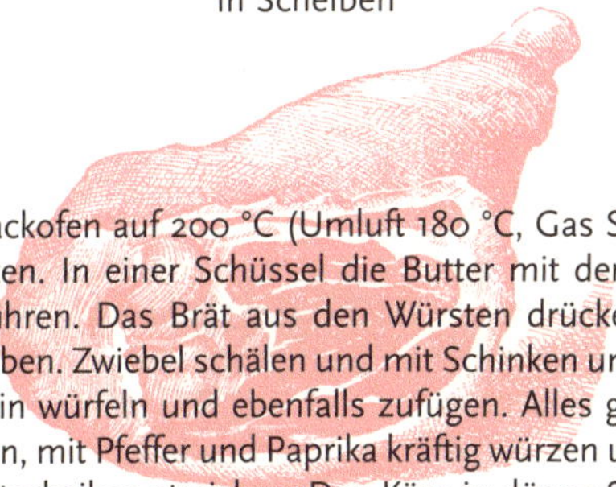

Den Backofen auf 200 °C (Umluft 180 °C, Gas Stufe 3) vorheizen. In einer Schüssel die Butter mit den Eiern glatt rühren. Das Brät aus den Würsten drücken und dazugeben. Zwiebel schälen und mit Schinken und Gurken klein würfeln und ebenfalls zufügen. Alles gut vermischen, mit Pfeffer und Paprika kräftig würzen und auf die Brotscheiben streichen. Den Käse in dünne Streifen schneiden und – nach Wunsch – gitterförmig darauf verteilen. Die Brote auf ein Backblech legen und im vorgeheizten Ofen (mittlere Schiene) in 15–20 Minuten hellbraun überbacken.

Handkäse mit Musik

Gehört der nicht eher zu Hessen mit seinem Äppelwoi? Nicht nur – goldgelber, weicher Sauermilchkäse zu würziger Zwiebelsauce ist typisch für viele Weinregionen. In der Pfalz legt man ihn zuvor noch in Weinmarinade ein. Und nach ein paar Tagen ist er dann bereit für die „Zwiebel-Musik". Dazu gibt es kräftiges Schwarzbrot und Weißwein.

4 Handkäse (à 125 g), 2 TL Kümmel,
grob gemahlener schwarzer Pfeffer,
1/8 l Apfelsaft, 1/8 l trockener Weißwein,
2 EL Obstschnaps, 1 große rote Zwiebel,
2 EL Obstessig, 4 EL Öl, Salz,
1/2 Bund glatte Petersilie

2–3 Tage vor dem Verzehr den Handkäse in die einzelnen Segmente teilen und dachziegelartig in eine flache Porzellan- oder Steingutschüssel legen. Dabei jeweils mit Kümmel und Pfeffer bestreuen. In einer Schüssel Apfelsaft, Wein und Schnaps verrühren und über den Käse gießen. Gut zugedeckt 2–3 Tage im Kühlschrank marinieren. Dabei hin und wieder mit der Marinade begießen.

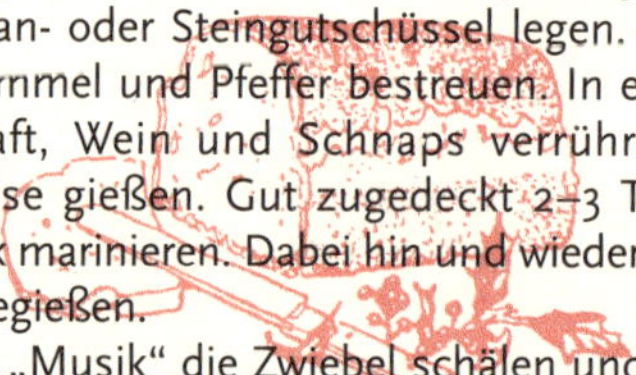

Für die „Musik" die Zwiebel schälen und fein würfeln. Die Käsemarinade in eine Schüssel umgießen, mit Essig und Öl kräftig verrühren. Zwiebel untermischen, mit Salz und Pfeffer würzen und 30 Minuten zugedeckt ziehen lassen. Inzwischen die Petersilie abbrausen und trockentupfen, die Blättchen abzupfen und fein hacken. Die Käsestücke auf Portionstellern anrichten und mit etwas Salz sowie Petersilie bestreuen. Die Zwiebelmarinade mit einem Löffel separat zum Handkäse reichen.

Leberwurstbrote

Petersilie, Schnittlauch, Majoran und andere Sommerkräuter stehen hoch im Kurs bei Pfälzer Genießern. Deshalb finden Sie kaum ein herzhaftes Essen ohne die Würze von frischem Grün. Hier kommt „Peterle“ auf dem belegten Brot zum Einsatz.

1 große Zwiebel, 1 Bund glatte Petersilie,
Salz, grob gemahlener schwarzer Pfeffer,
4 große Scheiben Roggen- oder kräftiges Bauernbrot,
2 EL weiche Butter, 400 g Pfälzer Leberwurst,
4 große Essiggurken, 4–8 TL mittelscharfer Senf
oder Meerrettich (aus dem Glas)

Zwiebel schälen und sehr fein würfeln. Petersilie abbrausen und trockentupfen, die Blättchen abzupfen und fein hacken. Mit der Zwiebel vermischen, salzen und pfeffern. Brotscheiben dünn mit der Butter bestreichen. Leberwurst häuten und auf die Brote streichen oder in Scheiben darauf verteilen. Auf Teller legen und mit einem Teil der Zwiebelmischung bestreuen. Abgetropfte Gurken, restliche Zwiebelmischung und Senf oder Meerrettich neben den Broten anrichten.

Lauchkuchen

Frankreich schickt seine Grüße in die Pfalz: Lauchkuchen war immer der feinere Bruder des deftigen Zwiebelkuchens. Das Gute daran: Er schmeckt rund ums Jahr, während man Zwiebelkuchen nur mit saftigen Herbstknollen backen sollte.

Zutaten für 20 Stücke
Für den Teig: 1/2 Würfel Hefe (21 g),
150 ml lauwarme Milch,
1/2 TL Zucker, 300 g Mehl, 1/2 EL Salz,
1 TL abgeriebene unbehandelte Zitronenschale,
1 zimmerwarmes Ei, 1 EL Öl
Für den Belag: 1 kg Lauch, 500 g durchwachsener
Räucherspeck in dünne Scheiben, 2 EL Öl,
2 Knoblauchzehen, 1 Bund Petersilie,
300 g Schmand, 2 Eier, 2 EL Zitronensaft,
frisch geriebene Muskatnuss,
Salz, frisch gemahlener schwarzer Pfeffer
Außerdem: Fett für das Blech

Für den Teig die Hefe zerkrümeln. Mit der Hälfte der Milch, Zucker und 3 Esslöffeln Mehl in einem Schälchen verrühren und 15 Minuten gehen lassen. In einer Schüssel den Rest von Mehl und Milch mit Salz sowie Zitronenschale mischen. Den Vorteig zugeben und unterrrühren. Ei und Öl zufügen und alles mit den Knethaken des Handrührers etwa 10 Minuten verkneten, danach sollte sich der Teig vom Schüsselrand

lösen. Nochmals zugedeckt bei Zimmertemperatur etwa 1 Stunde gehen lassen, danach sollte sich das Teigvolumen verdoppelt haben.
Inzwischen für den Belag den Lauch putzen, waschen und in dünne Ringe schneiden, dabei alle saftigen grünen Blätter mitverwenden. Den Speck von Schwarte und Knorpeln befreien und in feine Streifen schneiden. Das Öl in einer Pfanne erhitzen und den Speck darin bei geringer Hitze glasig braten, herausnehmen. Den Lauch portionsweise im Speckfett bei geringer Hitze weich braten. Mit dem Speck vermischen und in einer Schüssel lauwarm abkühlen lassen.
Knoblauch schälen und zerdrücken. Die Petersilie abbrausen und trockentupfen, die Blättchen abzupfen und fein hacken. Beide Zutaten zur Lauchmischung geben. Schmand, Eier und Zitronensaft sowie je 1 kräftige Prise Muskat, Salz und Pfeffer zufügen und alles gut verrühren.
Den Teig gleichmäßig dick auf ein gefettetes Backblech drücken und den Belag darauf glatt streichen. Den Kuchen weitere 15 Minuten zugedeckt ruhen lassen. Inzwischen den Backofen auf 200 °C (Umluft 180 °C, Gas Stufe 3) vorheizen. Den Lauchkuchen in den vorgeheizten Ofen (mittlere Schiene) schieben und etwa 40 Minuten backen. Am besten noch warm oder gerade eben abgekühlt servieren.

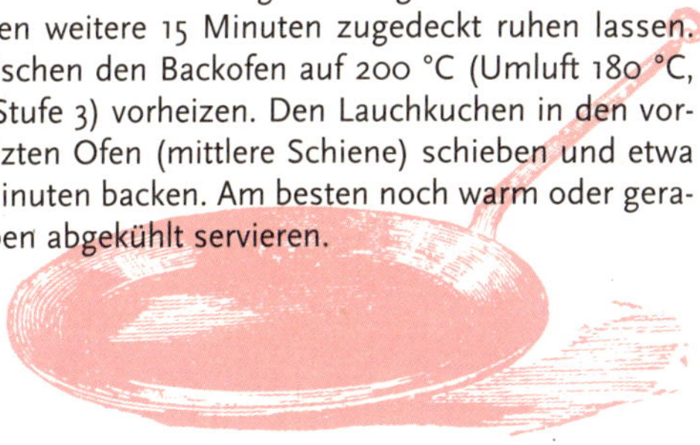

Kartoffeln, Gemüse und Salat

Kartoffelnocken mit Bröselbutter

„Fluddeknepp" oder „Ausgscheppte" ist eines der vielen köstlichen Pfälzer Kartoffelgerichte. Dazu isst man traditionell Kompott, inzwischen aber auch grünen Salat mit Tomaten, Radieschen und reichlich Kräutern.

750 g mehlig kochende Kartoffeln, Salz,
1/8 l Milch, frisch gemahlener Pfeffer,
frisch geriebene Muskatnuss, 1 kleine Zwiebel,
4 Stängel Majoran, 70 g Butter, 50 g Semmelbrösel

Die Kartoffeln schälen, waschen, würfeln und in gut 1/8 Liter Salzwasser zugedeckt bei geringer Hitze sehr weich garen. Mit dem Kartoffelstampfer fein zerdrücken, dabei Milch, Pfeffer und Muskat untermischen. Zugedeckt bei geringster Hitze etwa 15 Minuten ziehen lassen, damit der Brei stichfest wird.
Inzwischen Zwiebel schälen und klein würfeln. Majoran abbrausen und trockentupfen, Blättchen abzupfen und fein hacken. Butter in einer Pfanne leicht aufschäumen. Zwiebel und Majoran darin bei geringer Hitze glasig braten. Semmelbrösel zugeben, alles bei geringer bis mittlerer Hitze leicht bräunen. Einen Esslöffel jeweils in die Bröselbutter tauchen und dann von dem Püree Nocken abstechen. Die Nocken nach und nach in eine Schüssel füllen und mit der restlichen Bröselbutter beträufeln.

Die Nocken passen zu Schmorgerichten, die Sie sonst mit Kartoffeln, Nudeln oder Reis servieren.

Schneebälle mit Zuckerschoten und Krachelcher

Die deutsche Liste von Knödelgerichten ist lang und muss dennoch stets unvollständig bleiben, denn jede Hausfrau hat ihre Lieblingsrezepte. Typisch für die Pfälzer Küche sind die kleinen „Schneebällscher“, die traditionsgemäß zu Wild und Sauerbraten serviert werden. Gemüsefans essen sie mit Croûtons („Krachelcher“) zu zarten Zuckerschoten, die so gut im milden Pfälzer Klima gedeihen, dass sie von hier aus in unsere Gemüseläden gelangen.

Für die Schneebälle:
1 kg mehlig kochende Kartoffeln,
etwa 150 g Mehl, 1 EL Grieß, Salz, 1 Ei, 1 Eigelb
Für die Krachelcher: 2 Scheiben Toastbrot,
50 g Butterschmalz oder 5 EL Öl
Für das Gemüse: 300 g Zuckerschoten,
2 Stängel Petersilie, 1 Schalotte, 2 EL Olivenöl,
150 g Crème double, Salz, frisch gemahlener Pfeffer
Außerdem: Mehl zum Formen

Für die Schneebälle die Kartoffeln waschen und ungeschält weich kochen. Abgießen, pellen und heiß zweimal durch die Kartoffelpresse drücken. Mit einem Tuch bedeckt etwa 4 Stunden ruhen lassen. Mit Mehl, Grieß und einer kräftigen Prise Salz bestreuen. Ei und Eigelb verquirlen und darüber geben. Alles mit den Händen oder einer Gabel zu einem glatten Teig vermischen. Falls der Teig zu feucht ist, noch etwas Mehl untermischen. Knapp tischtennisballgroße Klöße daraus formen. Reichlich Salzwasser zum Kochen bringen. Die Klöße darin einmal kräftig aufkochen und bei geringer Hitze 15–20 Minuten köcheln lassen, dabei den Deckel nur halb auf den Topf legen. Die Schneebälle herausnehmen, gut abgetropfen lassen und in eine vorgewärmte Schüssel geben. Das Kloßwasser beiseite stellen.

Inzwischen für die Krachelcher die Toastbrotscheiben in kleine Würfel schneiden und im heißen Fett bei geringer Hitze goldbraun und knusprig braten.

Für das Gemüse die Zuckerschoten putzen. Petersilie abbrausen und trockentupfen, die Blättchen abzupfen und fein hacken. Die Schalotte schälen, fein würfeln und im heißen Öl bei geringer Hitze anschwitzen. Zuckerschoten und 4–5 Esslöffel Kloßwasser zugeben. Das Gemüse zugedeckt bei mittlerer Hitze in etwa 5 Minuten bissfest garen. Mit der Crème double vermischen, mit Salz und Pfeffer würzen und mit der Petersilie bestreuen. Die „Krachelcher" mit dem Bratfett über die Schneebälle verteilen. Das Gemüse separat dazu servieren.

Weinkartoffeln mit Krautsalat

Essen nach dem Baukastensystem: Krautsalat und Weinkartoffeln sind eine deftige Mahlzeit. Für sich genommen gehören die Kartoffeln zu Wild oder Schweinebraten. Und den Salat mögen die Pfälzer im Winter besonders gerne zu gebackenem Leberkäse, heißen Bratwürsten oder panierten Schweinekoteletts.

Für den Salat: 400 Weißkohl,
1/2 TL Salz, 1 kleine Zwiebel,
150 g durchwachsener Räucherspeck,
3 EL Weißweinessig, 1/8 l kräftige Fleisch- oder
Gemüsebrühe (Instant), 1/2 EL Kümmelsamen,
1 TL scharfer Senf, 1 EL Öl,
frisch gemahlener schwarzer Pfeffer
Für die Kartoffeln: 1 kg vorwiegend fest kochende
Kartoffeln, 1 große Zwiebel, 2 EL Butterschmalz
oder 4 EL Öl, 1/8 l trockener Weißwein,
1/8 l Fleisch- oder Gemüsebrühe (Instant),
Salz, frisch gemahlener weißer Pfeffer
Außerdem: 1 Bund Petersilie

Für den Salat den Weißkohl waschen, trockenschwenken, vierteln, vom Strunk befreien und in feine Streifen hobeln. Mit Salz vermischen und zugedeckt ziehen lassen, bis die anderen Zutaten vorbereitet sind.
Zwiebel schälen und fein hacken. Speck in kleine Würfel schneiden. In einer Pfanne bei geringer Hitze unter häufigem Wenden braten, bis das Fett austritt. Zwiebel zugeben und unter Rühren glasig anschwitzen. Essig

und Brühe zugießen und zum Kochen bringen. Rühren, bis sich der Bratensatz gelöst hat. Kümmel, Senf und Öl mit dem Schneebesen unterrühren. Kohl zugeben und alles gut vermischen. Neben der Kochstelle zugedeckt warm halten.

Die Kartoffeln schälen, waschen und in etwa 1/2 Zentimeter dicke Scheiben schneiden. Mit Küchenpapier trockentupfen, damit das Fett beim Braten nicht spritzt. Die Zwiebel schälen und fein würfeln.
Das Fett in einer großen beschichteten oder gusseisernen Pfanne erhitzen. Kartoffelscheiben und Zwiebel darin unter Wenden etwa 1 Minute anbraten. Wein und Brühe zugießen und aufkochen. Kartoffeln zugedeckt bei geringer Hitze in 20 Minuten sehr weich garen, dabei mehrmals wenden. Den Deckel abnehmen und die Kartoffeln bei mittlerer Hitze unter häufigem Wenden schmoren, bis die Flüssigkeit vollständig verkocht ist. Kartoffeln und Salat mit Salz und Pfeffer würzen. Die Petersilie abbrausen und trockentupfen, die Blättchen abzupfen und fein hacken. Jeweils die Hälfte davon unter die Kartoffeln und den Salat mischen.

Verheiratete

Inniglich vermählt sind die beiden: Die goldgelbe Dinkelspätzle und frisch gekochte Kartoffeln, gebettet in eine kräftige Specksauce mit reichlich Petersilie oder anderen Kräutern, die Sie gern essen. – Das frische Grün ist die moderne Ergänzung zu dem alten Pfälzer Bauernrezept.

Für die Spätzle:
500 g Dinkelmehl, Salz, 4 Eier
Für die Kartoffeln:
700 g vorwiegend fest kochende Kartoffeln,
1/4 l Gemüsebrühe (Instant), 1 TL Öl
Für die Sauce: 1 Zwiebel,
100 g durchwachsener Räucherspeck,
1 TL Öl, 1 gehäufter TL Mehl,
1/2 TL getrockneter Majoran, 1/4 l Milch
Salz, frisch gemahlener grober Pfeffer,
frisch geriebene Muskatnuss
Außerdem: 1 Bund Petersilie

Für die Spätzle das Mehl mit 1 kräftigen Prise Salz, Eiern und 2–3 Esslöffeln kaltem Wasser zu einem weichen und geschmeidigen Teig verrühren, der gerade eben nicht mehr flüssig ist. Zugedeckt 30 Minuten ruhen lassen.

Inzwischen die Kartoffeln schälen, waschen, würfeln und mit der Brühe aufkochen. Zugedeckt bei geringer Hitze gerade eben weich kochen. Die Brühe in ein Gefäß abgießen. Die Kartoffeln mit dem Öl vermischen und zugedeckt warm halten.

Während die Kartoffeln kochen, für die Sauce die Zwiebel schälen und fein würfeln. Den Speck ebenfalls in kleine Würfel schneiden und in dem heißen Öl bei geringer Hitze glasig braten. Zwiebel zugeben und glasig anschwitzen. Mehl und Majoran darüber streuen und kurz mitschwitzen. In einer Schale die beiseite gestellte Brühe mit der Milch mischen, langsam zugießen und rühren, bis die Sauce glatt ist. Zugedeckt bei geringer Hitze 10 Minuten köcheln lassen. Mit Salz, Pfeffer und Muskat kräftig würzen. Die Petersilie abbrausen und trockentupfen, die Blättchen abzupfen und sehr fein hacken.

In einem großen Topf reichlich Wasser mit Salz zum Kochen bringen. Den Spätzleteig mit einem Spätzlesieb oder -hobel ins sprudelnd kochende Wasser geben. Spätzle an die Oberfläche steigen lassen und noch etwa 1 Minute garen. Mit einem Schaumlöffel herausnehmen und abwechselnd mit den Kartoffeln in eine vorgewärmte Schüssel schichten. Dabei jeweils etwas Sauce, Petersilie und groben Pfeffer darüber geben. Spätzle und Kartoffeln im Backofen bei 50 °C warm halten, bis der gesamte Teig verbraucht ist. Den Rest der Sauce mit der verbliebenen Petersilie mischen und über die „Verheirateten“ gießen.

Pfälzer Hausfrauen machen den Teig oft fester und stechen davon Spätzle ab, die etwa so groß wie Grießnocken sind. Doch mit diesem weichen Teig fürs Spätzlesieb oder den Spätzlehobel geht es einfacher und auch schneller.

Kartoffelpuffer

Sie heißen „Schales“ oder „Grumbeerpannekuche“ und werden im schönen Gemüseland Pfalz ein bisschen bunter als sonst gemacht: Zum Beispiel mit feinen Lauchringen und Speck, mit Petersilie oder – ganz modern wie hier – mit einer fein geraspelten Möhre. Die Traditionsbeilage ist Apfelmus. Die Puffer passen aber auch zu Spargel mit Kräutersauce (Rezept S. 43), gemischtem Salat, mit Wein verfeinertem Sauerkraut oder feinen Wildgerichten.

2 kg vorwiegend fest kochende Kartoffeln,
1 Möhre, 1 Zwiebel, 1 Bund Petersilie, 2 Eier,
50 g Mehl, Salz, frisch gemahlener Pfeffer,
frisch geriebene Muskatnuss,
Öl zum Braten

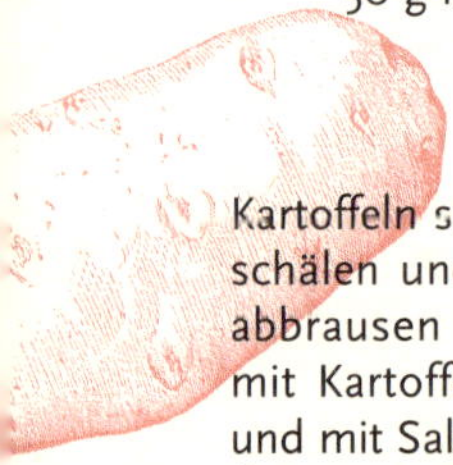

Kartoffeln schälen, waschen und grob raspeln. Möhre schälen und fein reiben. Zwiebel schälen, Petersilie abbrausen und trockentupfen. Beides fein hacken, mit Kartoffeln, Möhre, Eiern und Mehl vermischen und mit Salz, Pfeffer und Muskat kräftig würzen.
Öl in einer großen Pfanne erhitzen. Den Teig portionsweise als handtellergroße Küchlein ins Öl setzen. Bei mittlerer bis geringer Hitze von beiden Seiten in etwa 5 Minuten braun und knusprig braten. Herausnehmen, kurz auf Küchenpapier abtropfen lassen und sofort servieren.

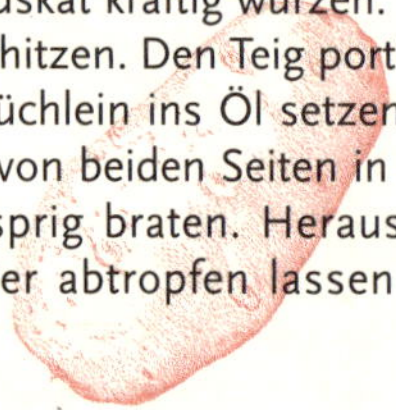

Pfälzer Kartoffelklöße

„Hoorische Knepp" heißen sie, und dies bedarf der Übersetzung: Knepp sind Klöße oder Knödel, bei denen Sprachkundler noch die Verwandtschaft zu „Nudeln" heraushören. Denn einst waren Nudeln schlichte Teigballen. „Hoorisch" nennt man sie, weil sie gegart „haarig" aussehen. Die Klöße gehören zu Wild oder Sauerbraten. Mit etwas Sahne übergossen und mit ausgebratenen Speckwürfeln belegt, isst man sie aber auch zu grünem Salat.

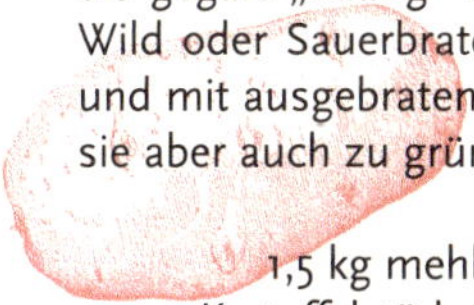

1,5 kg mehlig kochende Kartoffeln,
100 g Kartoffelstärke, Salz, 3 kleine Eier, ca. 1 EL Mehl

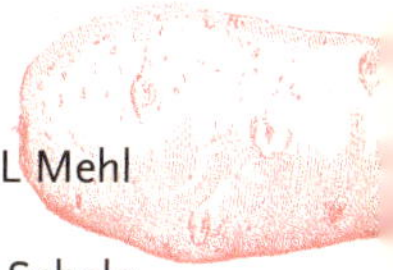

500 Gramm Kartoffeln waschen und in der Schale weich kochen. Abgießen, pellen und zweimal durch die Kartoffelpresse drücken. Mit der Stärke und 1 kräftigen Prise Salz locker vermischen, so dass eine bröckelige Masse entsteht. Restliche Kartoffeln schälen, waschen und fein reiben. Portionsweise in einem Küchentuch gut ausdrücken. Mit den gekochten Kartoffeln in eine Schüssel geben. 1 gehäuften Teelöffel Salz, Eier und Mehl zufügen. Alles mit den Händen zu einem formbaren, glatten Teig verarbeiten. Falls er klebt, noch teelöffelweise Stärke oder Mehl untermischen. Mit angefeuchteten Händen knapp tennisballgroße Klöße formen. In Salzwasser einlegen, aufkochen und knapp unter dem Siedepunkt 20 Minuten gar ziehen lassen. Dabei den Deckel nur halb auf den Topf legen. Klöße gut abgetropft sofort servieren.

Geschmorte Kastanien

Das „Käschte-Gemüs“ gehört vermutlich zu den wichtigsten Pfälzer Traditionsgerichten. Man serviert es zu panierten Koteletts und Rotkohl, zu Wild und Fasan (z.B. siehe Rezept S. 62).

250 g Esskastanien (Maronen),
Salz, 1 EL Butter, 1 TL Zucker,
100 ml halbtrockener Weißwein,
1/8 l Gemüsebrühe, 2 EL Sahne,
1 EL gehackte Petersilie,
frisch gemahlener weißer Pfeffer

Kastanien in kaltem Wasser waschen. In einem Topf mit reichlich Salzwasser aufkochen und zugedeckt bei mittlerer Hitze etwa 30 Minuten garen. Abgießen und kurz abschrecken. Die Schale der noch heißen Früchte kreuzweise einschneiden und abziehen, dabei das innere braune Häutchen mit entfernen. Kastanien in der Butter mit dem Zucker rundherum goldbraun anbraten. Den Bratfond mit Wein und Brühe loskochen. Im offenen Topf bei mittlerer bis hoher Temperatur 15 Minuten garen und dabei die Flüssigkeit sämig einkochen. Sahne und Petersilie unterrühren. Mit Salz und Pfeffer würzen.

Kastanien, die beim Waschen auf dem Wasser schwimmen, sind wurmig und zum Verzehr nicht mehr geeignet.

Spargel mit Kräutersauce

In der Pfalz mag man das zarte Frühlingsgemüse recht deftig – mit „Schales“ (Kartoffelpuffer, Rezept S. 40).

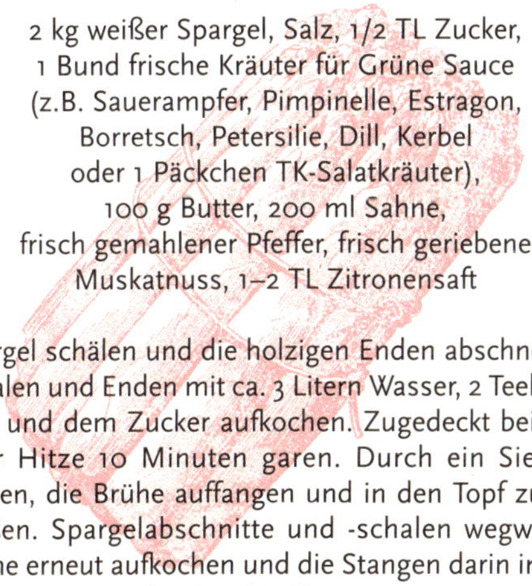

2 kg weißer Spargel, Salz, 1/2 TL Zucker,
1 Bund frische Kräuter für Grüne Sauce
(z.B. Sauerampfer, Pimpinelle, Estragon,
Borretsch, Petersilie, Dill, Kerbel
oder 1 Päckchen TK-Salatkräuter),
100 g Butter, 200 ml Sahne,
frisch gemahlener Pfeffer, frisch geriebene
Muskatnuss, 1–2 TL Zitronensaft

Spargel schälen und die holzigen Enden abschneiden. Schalen und Enden mit ca. 3 Litern Wasser, 2 Teelöffeln Salz und dem Zucker aufkochen. Zugedeckt bei mittlerer Hitze 10 Minuten garen. Durch ein Sieb abgießen, die Brühe auffangen und in den Topf zurückgießen. Spargelabschnitte und -schalen wegwerfen. Brühe erneut aufkochen und die Stangen darin in etwa 15 Minuten gerade eben bissfest garen.
Inzwischen die Kräuter abbrausen und trockentupfen, die Blättchen abzupfen und sehr fein hacken. Die Butter zerlassen und leicht bräunen. Sahne untermischen und einmal kräftig aufkochen lassen. Kräuter unterrühren, Sauce mit Salz, Pfeffer, Muskat und Zitronensaft würzen.
Den Spargel mit einem Schaumlöffel aus dem Topf heben, auf einer gut vorgewärmten Platte anrichten und mit der Kräutersauce übergießen.

Blumenkohlsalat mit Tomaten

Wie folgt zubereitet, können Sie den Salat mit echt französischem Baguette als Vorspeise reichen. Als „Veschper“ zum Sattessen geben Sie noch fein gewürfelten Schinken und/oder hart gekochte Eierachtel darüber und servieren den nunmehr schön bunten „Carfiol-Salat“ mit Bauernbrot.

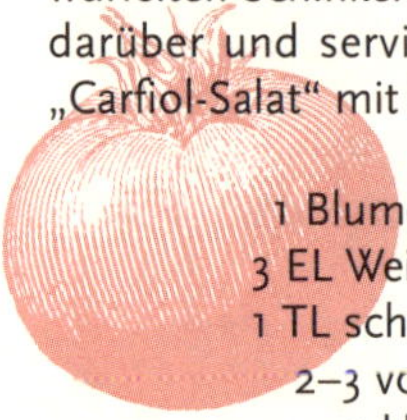

1 Blumenkohl (ca. 750 g), Salz,
3 EL Weißwein- oder Sherryessig,
1 TL scharfer Senf, 8 EL Olivenöl,
2–3 vollreife Fleischtomaten,
1 kleine weiße Zwiebel,
1 Bund Schnittlauch oder Basilikum,
frisch gemahlener Pfeffer

Den Blumenkohl in Röschen teilen, waschen und in reichlich Salzwasser bissfest kochen. Abgießen und auf eine tiefe Platte geben.
Vom warmen (nicht heißen) Sud 4–5 Esslöffel abnehmen (den Rest anderweitig, z.B. für eine Suppe, verwenden) und mit Essig, Senf und Öl zu einer homogenen Salatsauce verrühren.
Tomaten waschen, vom Stielansatz befreien und würfeln. Zwiebel schälen und in feine Ringe schneiden. Schnittlauch oder Basilikum abbrausen, trockentupfen und fein hacken. Tomaten, Zwiebel, Kräuter und Salatsauce zum Blumenkohl geben. Alles gut mischen und den Salat zugedeckt bei Zimmertemperatur 30 Minuten ziehen lassen. Mit Salz und Pfeffer abschmecken.

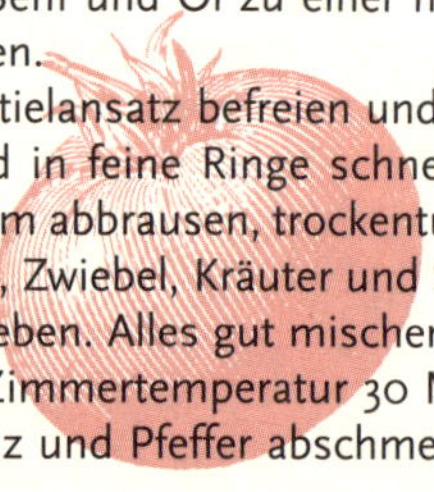

Löwenzahnsalat mit Kartoffeldressing

Folgen Sie dem Pfälzer Beispiel: nicht über den ersten jungen Löwenzahn im Garten ärgern, sondern ernten.

100 g durchwachsener Räucherspeck, gewürfelt
1 mittelgroße mehlig kochende Kartoffel,
1/8 l Gemüsebrühe (Instant), 300 g Löwenzahn,
2 EL Himbeeressig, 2 TL scharfer Senf,
Salz, frisch gemahlener Pfeffer, 5 EL Olivenöl,
1–2 EL Schnittlauchröllchen

Speck bei geringer Hitze leicht knusprig braten. Herausnehmen und auf einem Teller beiseite stellen. Kartoffel schälen, waschen und würfeln. Im verbliebenen Fett anbraten. Brühe zugießen, zum Kochen bringen und die Kartoffel weich dünsten. In der Brühe mit einer Gabel nach Belieben fein oder grob zerdrücken.
Inzwischen den Löwenzahn putzen, waschen, trockentupfen, fein schneiden und in eine Schüssel geben. 1 Esslöffel Speck, Essig und Senf unterrühren und die Mischung etwas abgekühlt über den Löwenzahn geben. Salz, Pfeffer und das Öl zufügen, den Salat gut durchmischen und zugedeckt bei Zimmertemperatur 20 Minuten ziehen lassen. Auf Portionstellern anrichten und mit dem restlichen Speck sowie Schnittlauch bestreut servieren.

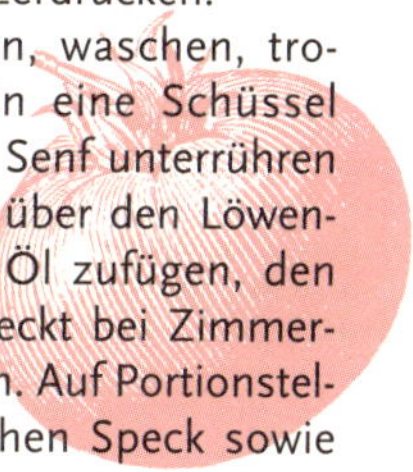

Sie können den Salat auch mit Kulturlöwenzahn vom Gemüsehändler zubereiten. Die gelben Stauden schmecken milder als die wilden grünen.

Fleisch, Geflügel, Wild und Fisch

Schwenkbraten

Diese „Schwenkbraten" genannten Koteletts kommen in der Pfalz immer dann auf den Tisch, wenn viele Leute draußen fröhlich feiern:
Beim Weinfest, der Kirchweih oder dem Volksfest. Das Original kommt vom Spezialgrill: Über der Holzkohlenglut hängt ein großer runder Rost mit dem Fleisch. Zu Hause tut es der normale Holzkohlengrill natürlich genauso, er ist nur nicht ganz so spektakulär.

3 Zwiebeln, 2 Knoblauchzehen,
1/2 Bund Majoran, 4 Wacholderbeeren,
1/4 l kräftiger Rotwein, 4 EL Öl,
4 Schweine-Nackenkoteletts (je ca. 220 g),
Salz, frisch gemahlener schwarzer Pfeffer

Am Vortag Zwiebeln und Knoblauch schälen. Majoran abbrausen und trockentupfen. Diese drei Zutaten mit den Wacholderbeeren fein hacken und in einer Schüssel mit Wein und Öl vermischen. Die Koteletts darin einlegen und zugedeckt im Kühlschrank 24 Stunden ziehen lassen.
Die Marinade abstreifen, durch ein Sieb gießen und dabei die Würzmischung mit einem Löffel gut ausdrücken. Koteletts trockentupfen, mit Salz und Pfeffer würzen und auf dem Holzkohlengrill auf beiden Seiten jeweils etwa 6 Minuten grillen, dabei einige Male mit der Marinade bepinseln.

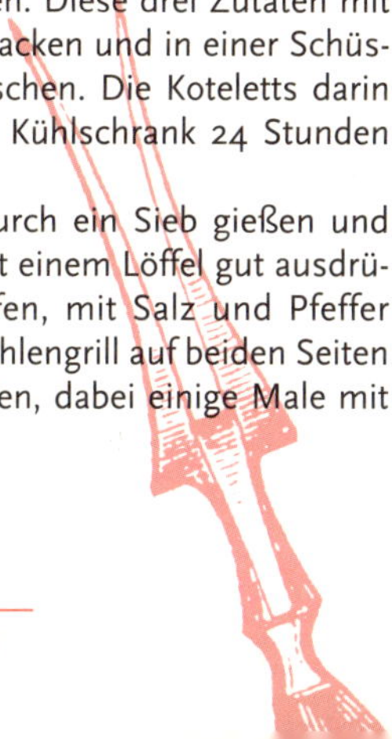

Goldhähnchen

Pfälzer Fastfood vom Feinsten: Zum goldig gebratenen „Hinkel" schmecken Bauernbrot und Kopfsalat mit kräuterreichem Dressing.

Für 2–3 Personen
1 Brathähnchen (ca. 1,6 kg),
Salz, frisch gemahlener schwarzer Pfeffer,
1 große Tomate, 1/2 Bund Thymian,
2 EL Olivenöl, 1 EL Butter, 1 EL Zitronensaft,
1/8 l Hühnerbrühe

Das Hähnchen in 8 Stücke zerlegen, waschen, abtropfen lassen und trockentupfen. Mit Salz und Pfeffer würzen. Die Tomate blanchieren, häuten und würfeln, dabei den Stielansatz entfernen. Thymian abbrausen und trockentupfen. Öl und Butter in einem Bräter erhitzen. Die Hühnerstücke darin bei mittlerer Hitze in etwa 5 Minuten rundherum goldbraun anbraten. Tomaten, Thymian, Zitronensaft und Brühe zufügen. Das Hähnchen zugedeckt bei mittlerer bis geringer Hitze etwa 20 Minuten schmoren. Danach sollte beim Anstechen mit einem spitzen Messer nur klarer Bratsaft, aber kein Blut mehr austreten.

Pfälzer Saumagen

Durch Altbundeskanzler Kohl zu internationaler Berühmtheit gelangt, steht der Pfälzer Saumagen heute wieder auf vielen Speisekarten. Mit Recht, denn dieses Traditionsgericht, das mancher Nicht-Pfälzer mit Misstrauen beäugen mag, ist ein kulinarischer Hit! Wer zum Verkosten nicht eigens in die Pfalz fahren kann, macht sich an die Eigenproduktion – die ist nämlich überraschend einfach.

Für 6–8 Personen
1 frischer Saumagen (ca. 500 g),
2 Weizenbrötchen vom Vortag,
500 g Schweineschulter (ohne Knochen),
1 Zwiebel, 200 g gekochter Schinken in Scheiben,
750 g vorwiegend fest kochende
Kartoffeln, 1 Bund Petersilie,
2 rohe Pfälzer Bratwürste, 4 Eier,
1 EL getrockneter Majoran, 2 TL Salz,
ca. 1 EL frisch gemahlener Pfeffer,
knapp 1 EL frisch geriebene Muskatnuss,
2 Lorbeerblätter, 1 TL Pfefferkörner,
1 Bund Suppengrün,
50 g Butterschmalz

Den Saumagen unter fließendem kaltem Wasser waschen, dabei von innen nach außen stülpen. Danach in einer großen Schüssel mit kaltem Wasser etwa 1 Stunde wässern, währenddessen das Wasser zweimal erneuern.

Für die Füllung die Brötchen in lauwarmem Wasser einweichen, gut ausdrücken und in eine große Schüssel geben. Vom Schweinefleisch die Fettschicht samt Schwarte abschneiden, klein würfeln und bei geringer Hitze ausbraten. Inzwischen die Zwiebel schälen und fein hacken. Den Schinken in Streifen schneiden. Beides in der Pfanne unter Rühren anschwitzen. Zu den Brötchen in die Schüssel geben. Das Schweinefleisch und die geschälten, gewaschenen Kartoffeln in etwa 1 Zentimeter große Würfel schneiden. Die Petersilie abbrausen und trockentupfen, die Blättchen abzupfen und fein hacken. Das Brät aus den Würsten drücken. Fleisch- und Kartoffelwürfel, Petersilie, Brät, Eier und Majoran zu den Zutaten in der Schüssel geben, mit Salz, Pfeffer und Muskat kräftig würzen und alles gut mischen.

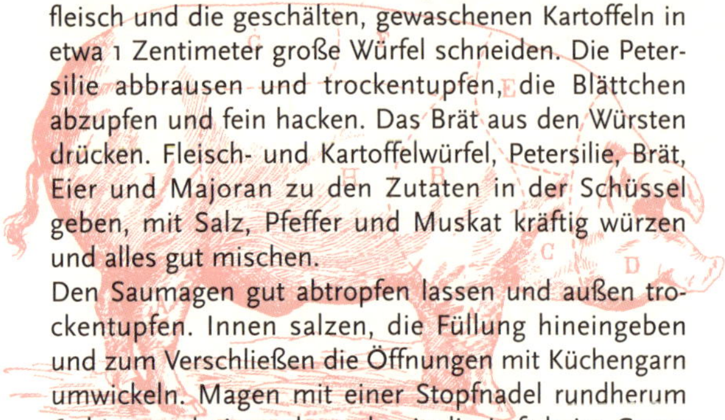

Den Saumagen gut abtropfen lassen und außen trockentupfen. Innen salzen, die Füllung hineingeben und zum Verschließen die Öffnungen mit Küchengarn umwickeln. Magen mit einer Stopfnadel rundherum 6- bis 7-mal einstechen, damit die Luft beim Garen entweichen kann. In einen großen Topf einen umgedrehten Teller legen. Wasser zugießen und zum Kochen bringen. Den Saumagen auf den Tellerboden legen, Lorbeer, Pfefferkörner und das gewaschene Suppengrün unzerkleinert zufügen. Eventuell noch soviel heißes Wasser zugießen, dass der Saumagen bedeckt ist. Aufkochen und den Saumagen 2 Stunden bei geringster Hitze sanft sieden lassen. Dabei den Topf nur halb zudecken und den Magen immer wieder mit der Stopfnadel einstechen.

Den Backofen auf 200 °C (Umluft 180 °C, Gas Stufe 3) vorheizen. Die Fettpfanne des Ofens mit knapp 1 Esslöffel Butterschmalz ausstreichen. Den Magen aus dem Sud nehmen und in die Fettpfanne legen. Mit dem restlichen Butterschmalz bestreichen. Eine knappe Schöpfkelle voll Sud um den Magen gießen. Den Saumagen im vorgeheizten Backofen (untere Schiene) in 1–1 1/2 Stunden goldbraun backen. Dabei immer wieder mit der Nadel einstechen; den Saumagen zudem einige Male wenden und mit der Schmorflüssigkeit, die sich in der Fettpfanne sammelt, bestreichen. Falls die Flüssigkeit in der Pfanne zu stark verkocht, etwas Sud nachgießen. Den Saumagen in daumendicke Scheiben schneiden und sehr heiß servieren. Dazu Sauerkraut oder Wirsinggemüse, Kartoffelnocken (Rezept S. 33) und Brot servieren.

- Den Saumagen bekommen Sie beim Metzger auf Vorbestellung. Bitten Sie gleich um eine fachgerechte Vorbereitung und Reinigung, dann müssen Sie den Magen zu Hause nur noch ausspülen und wässern.

- Das wiederholte Einstechen soll verhindern, dass der Magen platzt.

- Das Zunähen der Öffnungen ist nicht notwendig, Sie brauchen sie lediglich, wie beschrieben, mit Garn zu umwickeln.

Frikadellen mit Kartoffel-Möhren-Gemüse

Für das Gemüse: 400 g Möhren,
400 g vorwiegend fest kochende Kartoffeln,
100 ml Gemüsebrühe (Instant), Salz,
frisch gemahlener Pfeffer, frisch geriebene
Muskatnuss, 1 Prise Zucker, 50 g Butter, 2 EL Sahne
Für die Frikadellen: 2 altbackene Weizenbrötchen,
1 große Zwiebel, 1 Bund gehackte glatte Petersilie,
500 g gemischtes Gehacktes, 2 kleine Eier,
Salz, 1 TL Paprikapulver, 1 TL getrockneter Majoran
Außerdem: Öl zum Braten

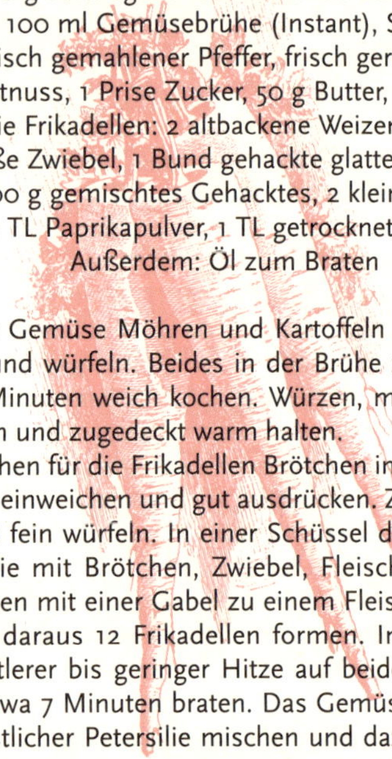

Für das Gemüse Möhren und Kartoffeln schälen, waschen und würfeln. Beides in der Brühe zugedeckt in 10–15 Minuten weich kochen. Würzen, mit der Butter mischen und zugedeckt warm halten.
Inzwischen für die Frikadellen Brötchen in lauwarmem Wasser einweichen und gut ausdrücken. Zwiebel schälen und fein würfeln. In einer Schüssel die Hälfte der Petersilie mit Brötchen, Zwiebel, Fleisch, Eiern und Gewürzen mit einer Gabel zu einem Fleischteig verarbeiten, daraus 12 Frikadellen formen. Im heißen Öl bei mittlerer bis geringer Hitze auf beiden Seiten jeweils etwa 7 Minuten braten. Das Gemüse mit Sahne und restlicher Petersilie mischen und dazu servieren.

Dieses Gemüse schmeckt auch zu Bratwürsten und die „Fleischküchle“ passen zu Lauchgemüse oder zu „Quellmännern“ (Pellkartoffeln).

Fleischpfannkuchen

Für den Teig: 250 g Mehl, Salz,
1/2 l Mineralwasser, 3 Eier
Für die Füllung: 2 EL Öl, 1 Zwiebel in Würfeln,
300 g gemischtes Gehacktes, Blättchen von
3 Stängeln Thymian, Fruchtfleisch von
2 Tomaten in Würfeln, 2 EL Schmand,
1–2 TL Zitronensaft, 1 Prise Zucker,
Salz, frisch gemahlener Pfeffer
Außerdem: Öl zum Backen

Für den Teig Mehl mit Salz und Mineralwasser verrühren, Eier untermischen. Teig 30 Minuten ruhen lassen. Inzwischen für die Füllung das Öl in einer Pfanne erhitzen und die Zwiebel darin glasig anschwitzen. Gehacktes mit Thymian zugeben und bei hoher Temperatur unter Rühren krümelig braten. Tomaten mitschmoren, bis die Flüssigkeit vollständig verdampft ist. Schmand unterrühren. Mit Zitronensaft, Zucker, Salz und Pfeffer kräftig würzen. Zugedeckt warm halten.
In einer großen Pfanne Öl erhitzen, aus dem Teig dünne Pfannkuchen backen und ebenfalls warm halten. Die Pfannkuchen mit der Füllung bestreichen, aufrollen und sofort servieren.

Man kann das Lieblingsgericht der Pfälzer auch mit einigen Löffeln Sahne gratinieren. Oder man schneidet die gefüllten Rollen in fingerlange Stücke, paniert sie in Ei und Semmelbröseln und bäckt sie in Fett aus. Als Beilage passt dazu ein frischer Salat.

Pfälzer Herrentorte

Hinter diesem Namen verbirgt sich ein Fleischkuchen, fast schon eine Terrine, die man mit Meerrettichsauce (Rezept S. 23) und Sauerkraut, eventuell noch mit Bauernbrot serviert.

8 Scheiben Toastbrot,
500 g Schinken- oder Fleischwurst,
2 Zwiebeln, 4 Stängel frischer Majoran,
750 g Bratwurst, 4 Eier,
1/4 TL mildes Paprikapulver,
frisch gemahlener Pfeffer,
Salz nach Belieben,
Fett für die Form

Das Toastbrot entrinden, in Stücke schneiden und in einer großen Schüssel in lauwarmem Wasser einweichen. Gut ausdrücken und in eine andere Schüssel geben. Die Wurst häuten, die Zwiebeln schälen und beides klein würfeln. Den Majoran abbrausen, trockentupfen und ganz fein hacken. Das Bratwurstmett aus der Haut drücken. Wurst, Zwiebeln, Majoran, Bratwurstmett und Eier zum Brot in die Schüssel geben, mit Paprika und Pfeffer kräftig würzen. Alles mit einer Gabel zu einem Fleischteig mischen. Eventuell noch mit etwas Salz abschmecken.
Den Fleischteig in einer gefetteten Kastenform von 30 Zentimetern Länge glatt streichen und in den kalten Backofen (zweite Schiene von unten) stellen. Den Ofen auf 200 °C (Umluft 180 °C, Gas Stufe 3) schalten

und die Herrentorte darin in 50–60 Minuten goldbraun backen. Herausnehmen und einige Minuten in der Form ruhen lassen. Auf eine Platte stürzen, in Scheiben schneiden und heiß servieren.

Pfälzer Bratwustmett ist grob und majoranwürzig. Wer es nicht bekommt, nimmt Schweinemett und mischt es mit einem Extralöffel getrocknetem Majoran.

Dippe-Has

Der Hase aus dem Topf, dem „Dippe“, ist bekannt und berühmt wie der Pfälzer Saumagen (Rezept S. 49). Die Sauce kann man mit Hasenblut binden oder – wie in unserem Rezept – mit Kartoffelstückchen sämig machen. Traditionell isst man „Hoorische Knepp“ (Pfälzer Kartoffelklöße, Rezept S. 41) dazu. Ofenkartoffeln oder Brot schmecken aber genauso gut und machen natürlich weniger Mühe.

Für 8–10 Personen
250 g frischer Schweinebauch,
100 g roher Schinken in dünnen Scheiben,
500 g mehlig kochende Kartoffeln,
1 küchenfertiger Hase (ca. 1,6 kg),
1 Bund Suppengrün, 3 große Zwiebeln,
1 Bund frischer Thymian,
Salz, frisch gemahlener Pfeffer,
2 EL Öl, 1 l trockener Rotwein,
3 EL Rotweinessig, 1 EL Tomatenmark,
1 TL weiße Pfefferkörner,
2 Gewürznelken, 2 Lorbeerblätter

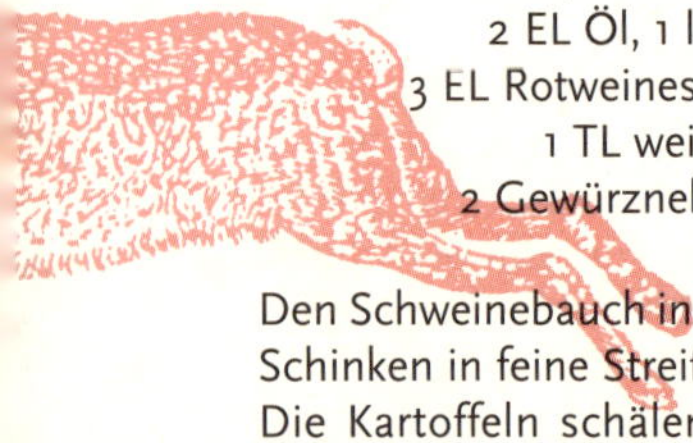

Den Schweinebauch in 2 Zentimeter breite Stücke, den Schinken in feine Streifen schneiden.
Die Kartoffeln schälen, waschen und klein würfeln. Den Hasen in etwa 16 Stücke schneiden, waschen und trockentupfen. Das Suppengrün putzen und fein hacken. Die Zwiebeln schälen und würfeln, das Thymianbund im Ganzen abbrausen und trockentupfen.

Den Backofen auf 220 °C (Umluft 200 °C, Gas Stufe 4) vorheizen. Schweinebauch und Schinken ohne Fettzugabe in einer Pfanne bei mittlerer Hitze ausbraten, bis das Fleisch rundherum schön gebräunt ist. In einen großen, fest schließenden Schmortopf geben und die Kartoffeln darauf verteilen. Die Hasenstücke kräftig mit Salz und Pfeffer würzen und portionsweise im Bratfett in der Pfanne rundherum braun anbraten. Auf die Kartoffeln im Schmortopf geben. Die ganzen Thymianzweige auf den Hasen legen. Das Öl in die Pfanne geben, Suppengrün und Zwiebel darin leicht bräunen. Den Wein zugießen, aufkochen und den Bratfond damit lösen. Essig und Tomatenmark unterrühren, Pfefferkörner, Nelken und Lorbeerblätter zufügen und alles über den Hasen gießen.
Den Schmortopf verschließen und in den vorgeheizten Ofen (untere Schiene) stellen. Den Ofen auf 180 °C (Umluft 160 °C, Gas Stufe 2) herunterschalten und das Fleisch 1 1/2 Stunden schmoren, dabei zweimal wenden. Die Sauce mit Salz und Pfeffer abschmecken und den Hasen im Schmortopf servieren.

Auf Wunsch zerlegt der Wildhändler Ihnen den Hasen: Hinterläufe und Schenkel in je 4 Stücke, Vorderläufe und Schulterblatt in je 2 und den Rücken in 4 Teile.

Biergulasch

Zu dem dunklen würzigen Gulasch passen Schneebälle (Rezept S. 34) oder Ihre Lieblingsnudeln.

400 g Rindfleisch (Hesse),
400 g Schweineschulter, 500 g Zwiebeln,
3 EL Schweineschmalz,
Salz, frisch gemahlener Pfeffer,
3 EL Tomatenmark, je 1 EL edelsüßes und
scharfes Paprikapulver, 1/2 l dunkles Bier,
abgeriebene Schale von 1/2 unbehandelten Zitrone,
1/2 TL getrockneter Majoran,
1/4 TL gemahlener Kümmel

Rind- und Schweinefleisch getrennt in gulaschgroße Würfel schneiden. Die Zwiebeln schälen und in dünne Scheiben hobeln. 2 Esslöffel Schmalz in einem großen Topf erhitzen. Beide Fleischsorten getrennt und portionsweise darin bei mittlerer bis hoher Temperatur rundherum kräftig anbraten. Die Portionen jeweils herausnehmen und nach und nach in eine Schüssel füllen. Die Zwiebeln im verbliebenen Fett bei geringer Hitze anschwitzen. Mit Salz und Pfeffer würzen und etwa 10 Minuten zugedeckt schmoren lassen, danach sollte die Flüssigkeit, die dabei austritt, vollständig verdampft sein.

Das Rind- und Schweinefleisch wieder in die Pfanne geben, Tomatenmark und Paprikapulver unterrühren. Das Bier zugießen und den Bratfond damit lösen. Das Gulasch mit Salz würzen, aufkochen lassen und bei geringer Hitze 1 1/2 Stunden zugedeckt schmoren. Das restliche Schmalz mit Zitronenschale, Majoran und Kümmel verkneten. In das Gulasch rühren und alles noch etwa 30 Minuten schmoren, danach sollte das Fleisch weich sein. Mit Salz und Pfeffer abschmecken.

Leberknödel mit Kartoffelschnee

„Lewwerknepp" sind ein Kirchweih-Essen in der Pfalz. Die Beilagen dazu variieren von Region zu Region: Sauerkraut, eventuell mit gekochten Rippchen, Zwiebelsauce (Rezept S. 26) oder einfach ausgebratene Speckwürfelchen.

Für die Leberknödel:
8 Weizenbrötchen vom Vortag, 1/2 l warme Milch,
100 g durchwachsener Räucherspeck,
1 Zwiebel, 1/2 Bund Petersilie, 1 TL Öl,
300 g fein geschabte Rinderleber,
150 g Gehacktes vom Rind, 3 Eier,
1 EL getrockneter Majoran,
1 TL abgeriebene unbehandelten Zitronenschale,
frisch geriebene Muskatnuss,
Salz, frisch gemahlener Pfeffer,
eventuell 1–2 EL Semmelbrösel
Für den Kartoffelschnee:
1 kg mehlig kochende Kartoffeln,
Salz, frisch gemahlener Pfeffer,
50 g Butter, 1/8 l fettarme Milch,
frisch geriebene Muskatnuss

Für die Leberknödel Brötchen in dünne Scheiben schneiden, in einer großen Schüssel mit der Milch übergießen und zugedeckt ziehen lassen, bis sie gleichmäßig weich sind und die Milch aufgesogen haben. Inzwischen den Speck fein würfeln. Die Zwiebel schälen, die Petersilie abbrausen, trockentupfen und die Blättchen abzupfen. Beides sehr fein zerkleinern. Das Öl in einer Pfanne erhitzen, Speck und Zwiebel darin bei geringer Hitze unter Rühren glasig anschwitzen. Etwa die Hälfte der Petersilie untermischen und kurz mitschwitzen. Alles zu den Brötchen in die Schüssel geben. Leber, Gehacktes, Eier, Majoran, Zitronenschale sowie je 1 kräftige Prise Muskat, Salz und Pfeffer zugeben. Alles mit den Händen vermischen und zu einem gleichmäßigen Fleischteig kneten. Bei Bedarf Semmelbrösel untermischen.

Mit angefeuchteten Händen 12 Knödel formen. In kochende Brühe oder kochendes Salzwasser geben und aufkochen lassen, die Temperatur zurückschalten und den Deckel halb auf den Topf legen. Die Knödel bei geringer Hitze maximal 30 Minuten knapp unter dem Siedepunkt ziehen, aber nicht kochen lassen.

Inzwischen für den Kartoffelschnee die Kartoffeln schälen, waschen und würfeln. Mit 1/8 Liter Wasser, Salz und Pfeffer aufkochen und in etwa 20 Minuten sehr weich kochen. Die Kartoffeln im Kochwasser mit dem Kartoffelstampfer fein zerdrücken. Dabei Butter und Milch zugeben. Kartoffelschnee mit Salz, Pfeffer sowie Muskat abschmecken.

Die Knödel mit einem Schaumlöffel herausheben und mit dem Schnee auf vorgewärmten Tellern anrichten. Mit der restlichen Petersilie bestreuen.

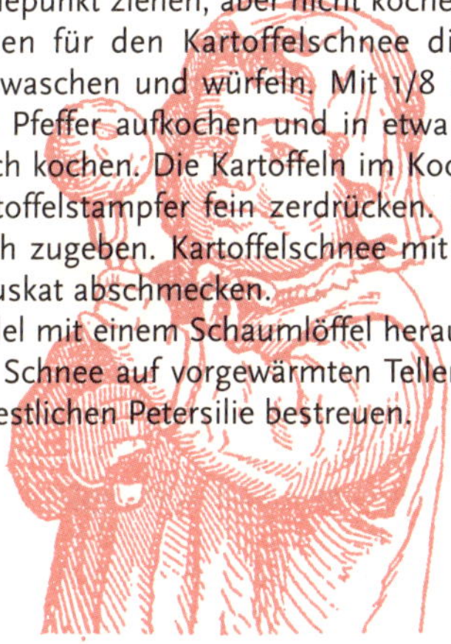

Gefüllter Fasan

Für 2 Personen
50 g durchwachsener Räucherspeck, 1 kleine Zwiebel,
1 TL Butter, 1 mittelgroßer säuerlicher Apfel,
50 g Sauerkraut, 1 TL getrockneter Thymian,
Salz, frisch gemahlener Pfeffer,
1 küchenfertiger Fasan (ca. 1 kg), 2 EL Öl,
ca. 1/8 l Geflügelbrühe, 1 EL Himbeeressig,
2 EL Crème double, 1 EL frisch gehackte Petersilie

Für die Füllung Speck und geschälte Zwiebel würfeln und in heißer Butter glasig braten. Apfel vierteln, schälen, vom Kerngehäuse befreien und würfeln. Das Sauerkraut fein schneiden. Mit Apfel und Thymian zum Speck geben. Unter Rühren schmoren, bis die Flüssigkeit verdampft ist. Salzen, pfeffern und abkühlen lassen.
Den Fasan innen und außen kalt abspülen, trockentupfen, salzen und pfeffern. Füllung locker hineingeben und die Öffnung mit Küchengarn zunähen. Das Öl in einem Bräter erhitzen. Fasan darin rundherum bei hoher bis mittlerer Temperatur goldbraun anbraten. Brühe zugießen, zugedeckt bei geringer Hitze etwa 30 Minuten schmoren, danach sollte beim Anstechen der Brust kein Blut, sondern klarer Bratsaft austreten. Fasan herausnehmen, halbieren und auf vorgewärmten Tellern anrichten. Bratfond mit Essig, Crème double und Petersilie verühren und darüber verteilen.

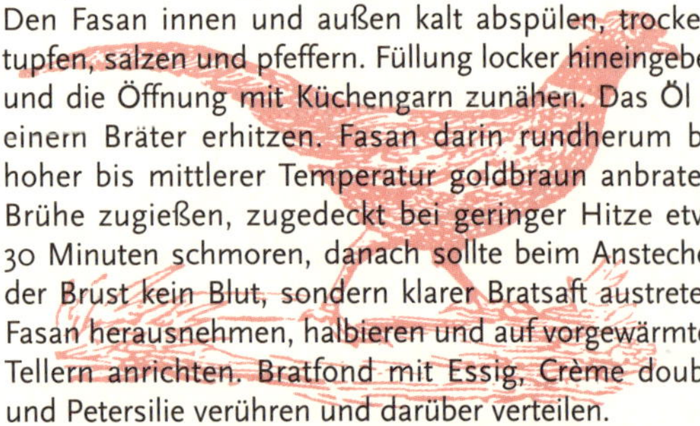

Den Fasan mit Kartoffelschnee (Rezept S. 60), Rosenkohl und geschmorten Kastanien (Rezept S. 42) reichen.

Lachs in Sauerampfersauce

Typische Fischgerichte muss man in der Pfalz suchen. Doch die, die man schließlich findet, sind einsame Klasse. Hier ein Beispiel:

650 g frischer Lachs (Mittelstück),
1 Schalotte, 2 Hand voll frischer Sauerampfer,
200 ml Fischfond (selbst gekocht oder Glas),
150 ml trockener Weißwein, 100 ml Sahne,
50 g Butter, 1 EL Zitronensaft,
Salz, frisch gemahlener Pfeffer

Den Lachs vom Händler häuten, filetieren und waagerecht in 4 gleich große Scheiben von je ca. 150 Gramm schneiden lassen. Diese zu Hause kalt abspülen und trockentupfen. Schalotte schälen und ganz fein hacken. Sauerampfer abbrausen, trockentupfen und in dünne Streifen schneiden, dabei die Stiele entfernen.
In einem Topf Fond mit Wein und Schalotte bei hoher Temperatur unter häufigem Rühren dickflüssig einkochen lassen, dabei nach und nach die Sahne zugießen. 1 Esslöffel kalte Butter in Stückchen mit dem Schneebesen unter die Sauce schlagen, mit Zitronensaft, Salz und Pfeffer würzen, zum Schluss den Sauerampfer einrühren.
Die restliche Butter in einer großen Pfanne erhitzen, bis sie aufschäumt. Lachsscheiben darin bei mittlerer Hitze auf jeder Seite etwa 5 Minuten braten. Mit Salz und Pfeffer würzen und auf vorgewärmten Tellern anrichten. Die Sauce über den Fisch gießen.

Süßes

Schneckennudeln

Für etwa 10 Stück
Für den Teig: 125 Magerquark, 75 g Zucker,
1 Prise Salz, 6 EL Milch, 6 EL Öl, 300 g Mehl,
1 Päckchen Backpulver
Für die Füllung: 100 g Butter, 75 g Zucker,
1 EL Vanillezucker, 1 große Msp. Zimtpulver,
200 g gemahlene Haselnusskerne,
Saft und Schale von 1/2 unbehandelten Zitrone,
2 EL Puderzucker
Außerdem: Mehl zum Ausrollen

Für den Teig den Quark mit Zucker, Salz, Milch und Öl verrühren. Mehl und Backpulver gemischt zufügen und mit den Händen zu einem glatten Teig verkneten. Auf wenig Mehl zu einer dünnen Platte ausrollen.
Den Backofen auf 180 °C (Umluft 160 °C, Gas Stufe 2) vorheizen. Für die Füllung die Butter zerlassen. Zucker, Vanillezucker und Zimt mit Nüssen, Zitronensaft (1 Teelöffel Saft für den Guss zurückbehalten) und Zitronenschale mischen. Soviel flüssige Butter untermischen, dass eine streichfähige Masse entsteht.
Ein Backblech mit etwas flüssiger Butter fetten. Den Rest der Butter auf die Teigplatte streichen. Die Nussfüllung darauf verteilen. Die Platte aufrollen und in etwa 3 Zentimeter dicke Scheiben schneiden. Auf das Blech legen und im vorgeheizten Ofen (mittlere Schiene) in etwa 20 Minuten goldbraun backen. Den Puderzucker und den restlichen Zitronensaft verrühren und die heißen Schneckennudeln damit bestreichen.

Zwetschgenkuchen vom Blech

In der Pfalz ein Kuchen für jede Tageszeit: Man isst ihn mittags – in manchen Familien zur „Grumbeersupp" (Kartoffelsuppe, Rezept S. 16), in anderen zur Franzosensuppe (Rezept S. 18). Nachmittags kommt er mit Kaffee und Schlagsahne auf den Tisch. Abends passt er wiederum zur dicken Suppe, und sollte dann tatsächlich noch ein Stückchen übrig sein, gibt's das zum Frühstück am nächsten Morgen.

Für den Teig: 1/2 Würfel Hefe (21 g),
200 ml lauwarme Milch, 60 g Zucker,
80 g Butter, 300 g Mehl, 1 Prise Salz, abgeriebene
Schale von 1 unbehandelten Zitrone, 1 kleines Ei
Für den Belag: ca. 1,5 kg reife Zwetschgen,
2 EL Butter, 2 EL Semmelbrösel,
100 g feiner Zucker oder Puderzucker

Für den Teig die Hefe zerkrümeln. Mit der Hälfte der lauwarmen Milch und 1 Esslöffel Zucker in einem Schälchen verrühren und 15 Minuten gehen lassen. Die Butter in der restlichen Milch bei geringer Hitze zerlassen. Das Mehl mit dem restlichen Zucker, Salz und Zitronenschale mischen. Hefemischung zugeben und verrühren. Zuerst die Milch mit der Butter, dann das Ei untermischen. Den Teig mit den Knethaken des Handrührers etwa 10 Minuten rühren, bis er sich vom Schüsselrand löst. Zugedeckt bei Zimmertemperatur etwa 1 Stunde gehen lassen, danach sollte sich das Teigvolumen verdoppelt haben.

Inzwischen für den Belag die Zwetschgen waschen und halbieren, dabei aber nicht ganz durchschneiden. Die Früchte entsteinen. Die Butter zerlassen und das Backblech mit etwa 1/2 Esslöffel davon fetten. Den Hefeteig gleichmäßig dick auf das Blech drücken und mit den Semmelbröseln bestreuen. Die Zwetschenhälften mit den Schnittflächen nach oben wie dichte Schuppen auf den Teig legen.
Den Kuchen zugedeckt bei Zimmertemperatur weitere 30 Minuten gehen lassen. Backofen auf 210 °C (Umluft 190 °C, Gas Stufe 3–4) vorheizen. Den Kuchen mit der restlichen flüssigen Butter beträufeln, in den vorgeheizten Backofen (mittlere Schiene) schieben und etwa 25 Minuten backen. Herausnehmen und sofort mit dem Zucker bestreuen bzw. bestäuben. Nach Belieben noch warm oder gerade eben abgekühlt servieren.

Mannheimer Apfelkuchen

Ich habe das Rezept im handgeschriebenen Familienkochbuch meiner Pfälzer Freunde entdeckt.

Für eine Springform von
26 Zentimetern Durchmesser
Für den Teig: 200 g Mehl, 50 g Zucker,
abgeriebene Schale von 1/2 unbehandelten Zitrone,
1 Prise Salz, 100 g Butter, 1 kleines Ei,
eventuell Wasser oder trockener Weißwein
Für den Belag: 800 g säuerliche Äpfel,
Saft von 1 kleinen Zitrone, 100 g brauner Zucker,
1 TL Zimtpulver, 2 Eier, 3 EL trockener Weißwein,
1 EL Puderzucker, 150 g Schmand,
100 g gemahlene Mandeln oder Walnusskerne
Außerdem: Butter für die Form

Für den Teig Mehl, Zucker, Zitronenschale, Salz, Butter in Stückchen und das Ei zu einem glatten Teig kneten. Falls der Teig noch zu trocken ist, tropfenweise Wasser oder Weißwein unterkneten. Die Springform einfetten und mit dem Teig auskleiden, dabei einen möglichst hohen Rand festdrücken. Den Teigboden mit einer Gabel mehrmals einstechen und kühl stellen, bis der Belag vorbereitet ist.
Den Backofen auf 200 °C (Umluft 180 °C, Gas Stufe 4) vorheizen. Für den Belag Äpfel vierteln, schälen, vom Kerngehäuse befreien und in Schnitze teilen. Schuppenförmig auf den Teig legen und mit Zitronensaft beträufeln. Zucker mit Zimt mischen und darüber streuen.

Den Kuchen im vorgeheizten Backofen (zweite Schiene von unten) 20 Minuten backen. Eier mit Wein verquirlen, Puderzucker, Schmand und Mandeln oder Walnüsse untermischen. Den Kuchen aus dem Ofen nehmen und mit der Mischung bestreichen. Wieder in den Ofen stellen und in etwa 20 Minuten fertig backen. Noch warm servieren.

Johannisbeerküchlein

300 g Johannisbeeren, 2 Eier, 75 g Mehl,
1 EL Vanillezucker, 1 Prise Salz, 150 ml Milch,
50 ml Sahne, 2 EL flüssige Butter
Außerdem: Butterschmalz zum Backen,
Zimtzucker zum Bestreuen

Die Johannisbeeren verlesen, waschen, trockentupfen und von den Stielen streifen. Die Eier trennen. Mehl mit Eigelben, Vanillezucker und Salz verrühren. Zuerst Milch, Sahne und Butter, dann die Beeren untermischen. Die Eiweiße steif schlagen und unterziehen. Schmalz in einer beschichteten Pfanne erhitzen. Pro Küchlein 4 Esslöffel Teig bei mittlerer bis geringer Hitze etwa 3 Minuten backen. Wenden und in etwa 3 Minuten fertig backen. Heiß mit Zimtzucker bestreut servieren.

Für die Küchlein brauchen Sie festes Obst: Heidelbeeren gehen gut, mit Erdbeeren dagegen werden sie zu weich. Sparen Sie nicht mit Butterschmalz – es macht die Küchlein knusprig.

Weintraubentorte

Dies ist keine Traditionstorte, sondern eine kulinarische Komposition als Hommage an die schöne Pfalz: Der Brandteigboden erinnert an das altehrwürdige „Prinze-Brot", das man früher zu Festtagen buk. Die dicke weiße Schlagsahne mit Weinsirup und Trauben symbolisiert die allseits geschätzte Pfälzer Üppigkeit, die grünen Pistazien die Fruchtbarkeit der schönen Region am Rhein.

Für eine Springform von
26 Zentimetern Durchmesser
Für den Teig: 60 g Butter, 1 Prise Salz,
150 g Mehl, 4 mittelgroße Eier, 1 TL Backpulver,
abgeriebene Schale von 1/2 unbehandelten Zitrone
Für den Belag: 1/8 l lieblicher Weißwein,
3 EL Aprikosenlikör, 2 EL Zucker,
1–2 TL Zitronensaft,
600 g kleine weiße Weintrauben ohne Kerne,
1/4 l Sahne, 1 EL Vanillezucker,
2 EL ungesalzene, gehackte
Pistazienkerne oder Mandelstifte
Außerdem: Fett und Mehl für die Form

Für den Teig 1/4 Liter Wasser mit Butter und Salz erhitzen, bis die Butter zerlaufen ist. Das Mehl unter Rühren zugeben. Bei geringster Hitze mit dem Kochlöffel weiterrühren, bis sich die Masse zu einem Kloß zusammenballt. Den Teig in eine Schüssel geben. 1 Ei mit den Knethaken des Handrührgeräts unter den heißen

Teig mischen, damit er geschmeidig bleibt. Lauwarm abkühlen lassen. Die restlichen Eier und dann das Backpulver mit der Zitronenschale untermischen.
Den Backofen auf 180 °C (Umluft 160 °C, Gas Stufe 2) vorheizen. Die Springform mit Backpapier auslegen. Den Teig darin glatt streichen, in den vorgeheizten Backofen (mittlere Schiene) schieben und etwa 30 Minuten backen. Zum Auskühlen auf ein Kuchengitter stürzen und das Papier abziehen.
Inzwischen für den Belag den Wein mit Aprikosenlikör und Zucker in einem Topf zu Sirup einkochen. Abkühlen lassen und mit dem Zitronensaft abschmecken. Die Weintrauben waschen, abzupfen, sehr gut trockentupfen und auf dem Tortenboden verteilen (der inzwischen in der Mitte etwas eingesunken ist).
Die Sahne mit dem Vanillezucker steif schlagen. Die Hälfte davon locker mit dem Weinsirup mischen und auf den Weintrauben verstreichen. Den Rest der Sahne in dicken Tupfen auf die Torte spritzen. Mit Pistazien oder Mandeln bestreuen und sofort servieren, sonst wird der Tortenboden zu weich.

Trauben passen natürlich ausgezeichnet zur Weinregion. Doch in der Pfalz reifen auch Kirschen, Beeren und sogar Aprikosen. Und mit diesen Früchten schmeckt die Torte genauso gut.

Pfälzer Dampfnudeln

Landen Sie einen Überraschungscoup und servieren Sie die Dampfnudeln mit Gemüse- oder Kartoffelsuppe als zünftiges Pfälzer Essen. Wer's lieber süß mag, kocht eine üppig-sahnige Vanillesauce dazu.

Für 6–8 Personen
Für den Teig: 1 Würfel Hefe (42 g),
50 g Zucker, 1/4 l Milch, 25 g Butter,
500 g Mehl, 1 Prise Salz,
abgeriebene Schale von 1/2 unbehandelten
Zitrone, 2 zimmerwarme Eier
Außerdem: Mehl zum Formen, 50 g Butter,
1 1/2 EL Zucker, 1/4 l Milch

Die Hefe zerkrümeln. Mit 1 Teelöffel Zucker und der Hälfte der lauwarmen Milch in einem Schälchen verrühren und 15 Minuten gehen lassen. Die Butter in der restlichen Milch bei geringer Hitze schmelzen. Das Mehl mit dem restlichen Zucker, Salz und Zitronenschale vermischen. Die Hefe zugeben und verrühren. Zuerst die Milch mit der Butter, dann die Eier untermischen. Den Teig mit den Knethaken des Handrührers etwa 10 Minuten rühren, bis er sich vom Schüsselrand löst. Zugedeckt bei Zimmertemperatur etwa 1 Stunde gehen lassen, danach sollte sich das Teigvolumen verdoppelt haben.
Mit bemehlten Händen 6–8 Kugeln aus dem Teig formen, auf die bemehlte Arbeitsfläche legen und zugedeckt weitere 30 Minuten gehen lassen.

Zum Garen einen gut schließenden Topf nehmen, in dem die Kugeln so nebeneinander liegen können, dass sie sich berühren. Butter und Zucker hineingeben und erhitzen, bis die Butter zerlaufen, aber nicht gebräunt ist. Die Milch zugießen. Die Teigkugeln nebeneinander in die Milch legen. Den Topf schließen, die Milch bei mittlerer Hitze zum Sieden bringen, die Temperatur reduzieren. Dampfnudeln bei geringer Hitze 30 Minuten fest zugedeckt garen. Mit einem Pfannenmesser vom Topfboden lösen und so auf vorgewärmten Tellern anrichten, dass die Karamelschicht, die sich im Topf gebildet hat, nach oben zeigt.

Die Dampfnudeln müssen im fest geschlosse-nen Topf garen, sonst fallen sie zusammen. Den Deckel also nicht zum Nachsehen abheben, sondern ab und zu mal horchen: Wenn es während der gesamten Garzeit leise im Topf knistert, ist die Temperatur richtig und noch so viel Flüssigkeit im Topf, dass die Nudeln eine schöne Kruste bekommen, aber nicht anbrennen.

Pfälzer Kreppel

In der Pfalz heißen sie Kreppel, in Bayern Krapfen, die Berliner nennen sie Pfannkuchen und in anderen Teilen des Landes heißen sie Berliner: Die runden Hefeballen mit Marmelade darin sind das bekannteste deutsche Fastnachtsgebäck überhaupt, erwähnt bereits im 16. Jahrhundert: Bäuerinnen buken sie zu diesem Anlass für Knechte und Mägde, Äbte, Bischöfe und Stadtverwaltungen stifteten sie für das ganze Volk.

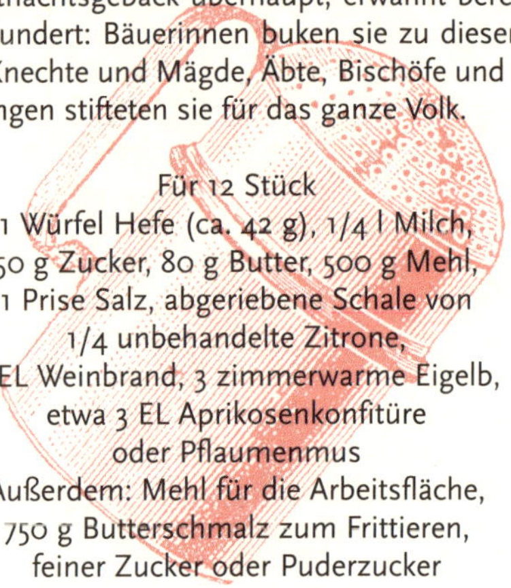

Für 12 Stück
1 Würfel Hefe (ca. 42 g), 1/4 l Milch,
50 g Zucker, 80 g Butter, 500 g Mehl,
1 Prise Salz, abgeriebene Schale von
1/4 unbehandelte Zitrone,
2 EL Weinbrand, 3 zimmerwarme Eigelb,
etwa 3 EL Aprikosenkonfitüre
oder Pflaumenmus
Außerdem: Mehl für die Arbeitsfläche,
750 g Butterschmalz zum Frittieren,
feiner Zucker oder Puderzucker
zum Bestreuen

Die Hefe zerkrümeln. Mit der Hälfte der lauwarmen Milch und 1 Esslöffel Zucker in einem Schälchen verrühren und 15 Minuten gehen lassen. Die Butter in der restlichen Milch bei geringer Hitze schmelzen. In einer großen Schüssel Mehl, restlichen Zucker, Salz und Zitronenschale mischen. Hefe zugeben und verrühren. Zuerst die Milch mit der Butter, dann Weinbrand und

Eigelbe untermischen. Den Teig mit den Knethaken des Handrührers etwa 10 Minuten durchrühren, bis er ganz glatt ist, seidig glänzt und sich vom Schüsselrand löst. Zugedeckt bei Zimmertemperatur etwa 1 Stunde gehen lassen, danach sollte sich das Teigvolumen verdoppelt haben. Dabei einmal mit einem Kochlöffel leicht durchrühren, damit der Teig sehr feinporig wird.

Den Teig auf der bemehlten Arbeitsfläche zu einer knapp fingerdicken Platte ausrollen. Mit einem Glas Teigkreise von etwa 7 Zentimetern Durchmesser ausstechen. Auf der Hälfte der Kreise mittig je 1 haselnussgroßen Klecks Konfitüre oder Pflaumenmus geben und jeweils mit 1 unbelegten Teigkreis bedecken, rundherum andrücken. Auf ein bemehltes Nudelbrett legen. Den restlichen Teig zusammenkneten und ebenso verarbeiten. Kreppel mit einem angewärmten Tuch bedecken und in etwa 20 Minuten bei Zimmertemperatur sichtbar aufgehen lassen.

Das Fett zum Frittieren erhitzen und die Kreppel nacheinander backen: Zuerst mit der Oberseite nach unten zugedeckt etwa 3 Minuten schön braun backen, wenden und weitere 3–4 Minuten backen. Mit einem Schaumlöffel herausnehmen und auf Küchenpapier abtropfen lassen. Gerade eben abgekühlt mit Zucker oder Puderzucker bestreuen bzw. bestäuben.

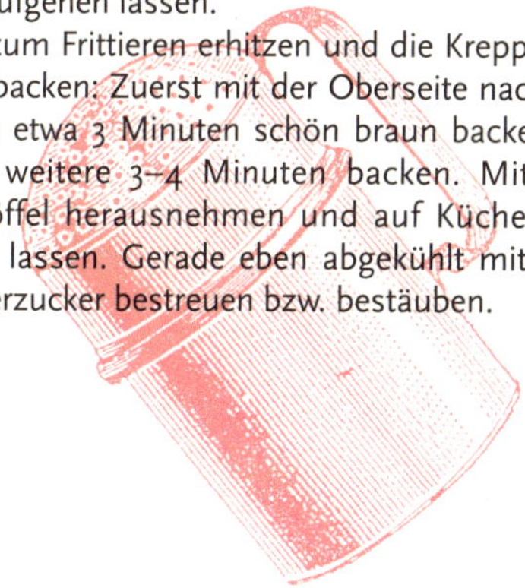

Rheinischer Bund

Diese Süßspeise kenne ich seit meiner Kindheit. Gewiss ist sie durch meinen Vater, der aus der östlichen Eifel stammt, ins Kochrepertoire meiner Mutter gelangt. Den merkwürdigen Namen verdankt die überbackene Weincreme vermutlich einem „politischen" Festmahl, das Köche früher häufig mit einer kulinarischen Kreation zelebrierten: Der Charakter des Desserts weist ins 19. Jahrhunderts, Biskuit und Baiser deuten auf Frankreich, die Weincreme auf die Pfalz hin. Falls Sie mehr darüber wissen, würde ich mich über Ihre Nachricht sehr freuen.

Für eine Springform von
26 Zentimetern Durchmesser
Für den Biskuit: 2 Eier, 25 g Zucker,
50 g Mehl, 1 große Msp. Backpulver
Für die Weincreme:
3 Eier, 1 EL Zucker, 1 EL Vanillezucker,
1/8 l lieblicher Weißwein,
1 TL Zitronensaft, 1/2 EL Puderzucker

Den Backofen auf 180 °C (Umluft 160 °C, Gas Stufe 2) vorheizen. Für den Biskuit die Eier trennen. Eiweiße mit 2 Esslöffeln kaltem Wasser halb steif schlagen. Zucker zugeben und weiterschlagen, bis der Schnee steif, aber noch elastisch ist. Eigelbe nacheinander unterrühren, bis die Masse gleichmäßig gelb ist. Mehl mit Backpulver mischen und unterziehen. Die Springform mit Backpapier auslegen.

Den Teig darin glatt streichen, in den vorgeheizten Ofen (zweite Schiene von unten) stellen und in etwa 20 Minuten hellgelb backen. Herausnehmen und etwa 10 Minuten ruhen lassen. Zum Abkühlen auf ein Kuchengitter stürzen und das Papier abziehen.
Für die Weincreme die Eier trennen. In einer Schüssel über einem heißen Wasserbad Eigelbe mit Zucker, Vanillezucker und Wein zu einer schaumigen Creme aufschlagen. Auf ein kaltes Wasserbad mit einigen Eiswürfeln stellen und die Creme kalt rühren. Die Eiweiße mit Zitronensaft halb steif schlagen. Puderzucker zugeben und den Eischnee ganz steif schlagen. Den Backofen auf 150 °C (Umluft 130 °C, Gas Stufe 1) vorheizen.
Den Biskuit einmal quer halbieren und die Hälften in etwa 5 Zentimeter breite Streifen schneiden. Eine Auflaufform mit den Biskuitstreifen auslegen. Zuerst die Weincreme, dann den Eischnee darüber glatt streichen. Den „Bund" in den vorgeheizten Backofen (mittlere Schiene) schieben und etwa 20 Minuten backen, danach sollte der Eischnee leicht gebräunt sein. Heiß servieren.

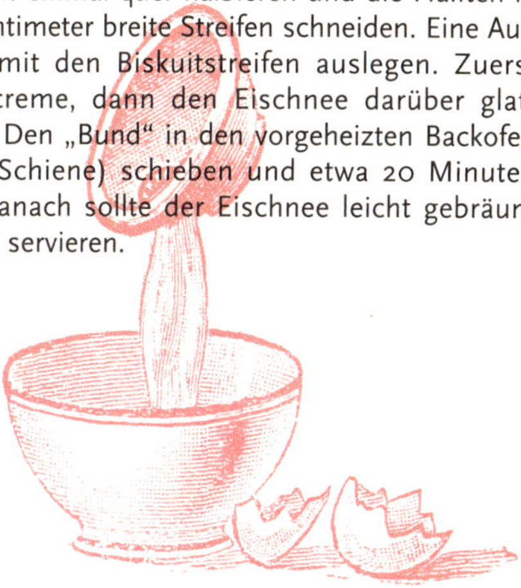

Kirschenauflauf

Den „Kirschenmischel“ isst man als süßes Hauptgericht oder zum Kaffee. Nehmen Sie möglichst zwei Drittel Süß- und ein Drittel Sauerkirschen, dann schmeckt der Auflauf am besten.

500 g Kirschen, 2 EL Johannisbeergelee,
70 g Zucker, 1 EL Mandelstifte,
1 große Msp. Zimtpulver, 4 Eier,
etwas Zitronensaft, 50 g weiche Butter,
2 EL Kirschwasser, 1 TL abgeriebene unbehandelte
Zitronenschale, 100 g Mehl, 1 Msp. Backpulver,
1/8 l Sahne, 1/8 l lieblicher Weißwein
Außerdem: Butter für die Form

Den Backofen auf 180 °C (Umluft 160 °C, Gas Stufe 2) vorheizen. Die Kirschen waschen, von den Stielen zupfen und entsteinen. In eine flache, gut gefettete Auflaufform legen. Johannisbeergelee bei geringer Hitze flüssig werden lassen und über die Kirschen träufeln. 1 Esslöffel Zucker mit Mandeln und Zimt mischen und darüber streuen. Die Eier trennen. Eiweiße mit etwas Zitronensaft steif schlagen. Den restlichen Zucker mit der Butter schaumig rühren. Kirschwasser, Zitronenschale und Eigelbe unterrühren. Nacheinander Mehl mit Backpulver vermischt, Sahne, Wein und Eischnee unterrühren. Teig über den Kirschen verteilen. Den „Mischel“ im vorgeheizten Backofen (untere Schiene) in etwa 30 Minuten goldbraun backen.

Süße Weinsuppe

Diese für Weinbaugebiete typische Suppe wird in vielen Varianten tradiert – unter anderem auch herzhaft mit Gemüse und/oder Fleisch.

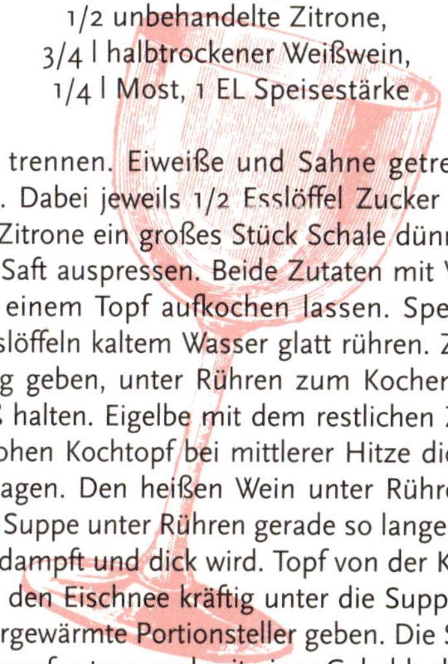

2 Eier, 1/8 l Sahne, 60 g feiner Zucker,
1/2 unbehandelte Zitrone,
3/4 l halbtrockener Weißwein,
1/4 l Most, 1 EL Speisestärke

Die Eier trennen. Eiweiße und Sahne getrennt steif schlagen. Dabei jeweils 1/2 Esslöffel Zucker zugeben. Von der Zitrone ein großes Stück Schale dünn abschälen, den Saft auspressen. Beide Zutaten mit Wein und Most in einem Topf aufkochen lassen. Speisestärke mit 3 Esslöffeln kaltem Wasser glatt rühren. Zur Weinmischung geben, unter Rühren zum Kochen bringen und heiß halten. Eigelbe mit dem restlichen Zucker in einem hohen Kochtopf bei mittlerer Hitze dick schaumig schlagen. Den heißen Wein unter Rühren zugießen. Die Suppe unter Rühren gerade so lange erhitzen, dass sie dampft und dick wird. Topf von der Kochstelle nehmen, den Eischnee kräftig unter die Suppe rühren. In gut vorgewärmte Portionsteller geben. Die Sahne als Klecks darauf setzen und mit einer Gabel locker untermischen. Die Suppe sofort servieren.

Wenn Sie die süße Suppe als Dessert auch für Kinder servieren, nehmen Sie weißen Traubensaft anstelle von Wein und Apfelsaft statt Most.

Verzeichnis der Rezepte

Suppen

Feines zum Wein

Kartoffeln, Gemüse und Salat

Fleisch, Geflügel, Wild und Fisch

Süßes